R.E.I. Editions

Tutti i nostri ebook possono essere letti sui seguenti dispositivi:
- Computer
- eReader
- iOS
- Android
- Blackberry
- Window
- Tablet
- Cellulare

Brown Kittel

B-24 Liberator

ISBN: 9782372975469

Pubblicazione: marzo 2025
Nuova edizione interamente riveduta e aggiornata: marzo 2026

Brown Kittel

B-24 Liberator

R.E.I. Editions

Indice

B-24 Liberator

Il Consolidated B-24 Liberator era un bombardiere pesante quadrimotore ad ala medio-alta: adottò un tipo di ala conosciuto come ala Davis, stretta e allungata, che divenne una sua caratteristica distintiva insieme alla doppia deriva di forma ovale.

Nell'ala Davis, il profilo alare aveva un coefficiente di resistenza inferiore rispetto alla maggior parte dei progetti contemporanei, il che consentiva velocità maggiori e creava una portanza significativa ad angoli di attacco relativamente bassi.

Inoltre, lo spessore dell'ala forniva spazio per lo stoccaggio del carburante o, persino, per l'inserimento dei motori, un'idea che era in voga all'epoca.

La stessa ala di base sarebbe stata selezionata anche per il Consolidated B-32 Dominator.

Il suo utilizzo nei progetti terminò quasi immediatamente dopo la fine della seconda guerra mondiale.

- Il B-24 venne inizialmente sviluppato e prodotto dall'azienda statunitense Consolidated Aircraft Corporation nella prima parte degli anni quaranta, e, durante la guerra, fu costruito su licenza anche da altre aziende come Douglas, Ford e North American.

Il Liberator è stato uno dei bombardieri americani più importanti: terminò la guerra come l'aereo da guerra statunitense costruito nel maggior numero di esemplari nella storia.

- Ne vennero, infatti, costruiti più di 18.000 esemplari.

Era, assieme al B-17 Flying Fortress, il bombardiere di punta dell'United States Army Air Force.

Le sue caratteristiche di volo non erano raffinate come quelle del B-17 nonostante i seguenti miglioramenti:

- Un'autonomia maggiore.
- Una velocità massima più elevata.
- Un carico di bombe più pesante.
- Carrello di atterraggio triciclo.
- Un balzo in avanti nella progettazione e nelle prestazioni delle ali.

Il Liberator, aveva, però, una quota operativa più bassa e questo faceva sì che venisse colpito e abbattuto più di frequente, sia dall'antiaerea sia dai caccia, nonostante il suo armamento difensivo costituito da dieci mitragliatrici Browning M2 da 12,7 mm lo rendesse una vera e propria fortezza volante.

I suoi comandi, tuttavia, erano pesanti da manovrare e il quadrimotore era impegnativo da tenere in formazione serrata.

- Inoltre, l'alta ala del tipo Davis risentiva pericolosamente negli atterraggi pesanti e degli ammaraggi, in quanto la fusoliera tendeva a spezzarsi.

La missione più nota dei Liberator fu quella contro i pozzi petroliferi di Ploesti, in Romania, il 1° agosto 1943, che si risolse in un disastro a causa della sequenza sbagliata delle ondate di attacco.

Il B-24 fu ampiamente utilizzato nella seconda guerra mondiale, dove prestò servizio in ogni ramo delle forze armate americane, così come in diverse forze aeree e marine alleate.

Fu impiegato in ogni teatro operativo e, nel corso delle sue missioni, abbatté circa 2.600 caccia nemici.

Insieme al B-17, il B-24 fu il pilastro della campagna di bombardamenti strategici degli Stati Uniti nel teatro dell'Europa occidentale: grazie alla sua gittata, si dimostrò utile nelle operazioni di bombardamento nel Pacifico, incluso il bombardamento del Giappone.

I Liberator antisommergibile a lungo raggio svolsero un ruolo fondamentale nel colmare il divario del Medio Atlantico nella

Battaglia dell'Atlantico. Il derivato da trasporto C-87 servì come controparte a più lunga gittata e capacità più elevata del Douglas C-47 Skytrain.

B-24M del 431° Squadrone Bombardieri, 11° Gruppo Bombardieri.

Le caratteristiche del prototipo fecero un'ottima impressione sugli osservatori militari che decisero di lanciare l'avanzamento su scala più ampia. Le prime consegne furono effettuate nel marzo 1941 e dall'agosto 1942 la produzione ammontò a quasi 200 nuovi aerei al mese.

- Sono state sviluppate non meno di 15 versioni, compresi i B-24 per la guerra antisommergibile, il trasporto merci e persino il pattugliamento marittimo.

Schierato sulla maggior parte dei fronti della Seconda Guerra Mondiale, il B-24 Liberator ha preso parte alla maggior parte delle principali incursioni di questo conflitto, in particolare prendendo parte ai bombardamenti della Battaglia di Normandia.

- Durante l'intero conflitto mondiale ne furono costruiti 18.482 esemplari, fino al settembre del 1945.

Era pesantemente armato, il che spiega perché durante le sue numerose operazioni furono abbattuti quasi 2.600 aerei nemici.

- Nonostante siano state prodotte decine di migliaia di B-24, solo 13 di essi sopravvivono oggi, 2 dei quali sono ancora in condizioni di volo.

Ecco alcune delle operazioni più importanti in cui vennero impiegati i B-24 Liberator:

- Nel 1943, alcuni B-24 vennero dipinti di nero e schierati durante la notte per portare a termine l'Operazione Carpetbagger. L'operazione era dedicata alla fornitura di rifornimenti e armi per i combattenti della Resistenza francese.
- I B-24 Liberator svolsero un ruolo fondamentale durante l'invasione del D-Day, poiché contribuirono ad ammorbidire le posizioni tedesche, spianando la strada alle forze di terra per respingere i nazisti.
- Il B-24 Liberator fu al centro della campagna alleata nel Mediterraneo, poiché venne impiegato nei bombardamenti delle raffinerie di petrolio tedesche, nella distruzione degli U-Boot, nel pattugliamento delle zone costiere e nell'attacco di obiettivi critici.

Storia

Il progetto del Consolidated B-24 Liberator fu avviato all'inizio del 1939 su richiesta dell'United States Army Air Corps che voleva un bombardiere pesante più moderno e dotato di prestazioni più elevate del B-17.

Era una macchina eccellente e versatile, ma non troppo amata dagli equipaggi in quanto, a differenza del suo predecessore B-17, che si era rivelato incredibilmente robusto, essendo in grado di tornare alla base con parti vitali danneggiate gravemente, il B-24 non era in grado di sopportare seri danni in combattimento.

Paradossalmente, questo era dovuto alle sue avanzate caratteristiche strutturali, soprattutto dell'ala, progettata con profili laminari ed elevate caratteristiche aerodinamiche, che si traducevano in una debolezza intrinseca della struttura, che spesso, se colpita in punti di forza, poteva cedere completamente.

Questa ala era altamente efficiente e consentiva una velocità relativamente elevata e una lunga autonomia: rispetto al B-17, aveva un'apertura alare più grande di 1,8 metri (6 piedi) ma un'area alare inferiore.

- Ciò conferiva al B-24 un carico alare superiore del 35%.

L'ala, relativamente spessa, prometteva un aumento del serbatoio e al contempo una maggiore portanza e velocità, ma diventava spiacevole da volare quando si era impegnati con carichi più pesanti, come sperimentato ad alta quota e in condizioni meteorologiche avverse: inoltre, era anche più suscettibile alla formazione di ghiaccio.

Il Terzo Reich dovette, per la prima volta, affrontare queste poderose macchine da guerra nel 1943.

Per mesi l'intelligence della Luftwaffe aveva fornito ai piloti notizie su questi quadrimotori, nonostante questo, contrariamente a quello che si pensa, i caccia monoposto Messerschmitt Bf 109 non riuscivano ad abbatterli in quantità senza subire gravi perdite.

I tedeschi arrivarono addirittura a equipaggiare i caccia con piccole cariche (50 kg) e a bombardare gli stormi di bombardieri per riuscire a fermarli.

Come detto, il Liberator è spesso confrontato con il contemporaneo Boeing B-17 Flying Fortress, rispetto a cui aveva una maggiore velocità massima e raggio d'azione, praticamente a parità di carico bellico e armamento difensivo.

- In generale, però, gli equipaggi e i vertici militari preferivano il Flying Fortress per la maggiore robustezza: il Liberator prendeva fuoco più facilmente se colpito, a causa dei serbatoi posti nel dorso della fusoliera.

Inoltre, il Flying Fortress era più facile da pilotare per cui era più semplice mantenere la formazione "combat box" impiegata dai gruppi di bombardieri statunitensi a partire dalla fine del 1942 su sollecitazione del colonnello Curtis LeMay.

Nel 1938 lo United States Army Air Corps (USAAC) chiese alla Consolidated di produrre i Boeing B-17 Flying Fortress come parte del piano di potenziamento della produzione bellica denominato Project A.

Il presidente della Consolidated, Reuben Fleet, dopo la visita allo stabilimento Boeing di Seattle propose all'USAAC un progetto alternativo al Flying Fortress.

Nel gennaio del 1939 l'USAAC con la specifica C-212 chiese formalmente alla Consolidated di progettare un bombardiere quadrimotore con:

- Autonomia di 4.827 km (3.000 miglia)
- Velocità massima di 483 km/h (300 mp/h)
- Quota di tangenza di 10.670 metri (35.000 piedi)
- Carico bellico di 3.630 kg (8.000 libbre)

Il 30 marzo 1939 venne firmato il contratto che prevedeva il completamento del primo prototipo per la fine dell'anno.

Il progetto, denominato dalla Consolidated Model 32, era concettualmente moderno ma tecnicamente semplice.

Rispetto al Flying Fortress, il Model 32 prevedeva una capacità di carico superiore, una fusoliera più corta e un'ala di apertura alare maggiore di 1,80 metri ma inferiore del 25% come superficie.

- Mentre il Flying Fortress usava motori radiali Wright R-1820 Cyclone a nove cilindri, per il Model 32 vennero previsti i Pratt & Whitney R-1830 a 14 cilindri, raffreddati ad aria, a doppia fila, con 1.000 hp ciascuno, in seguito sostituiti con versioni turbocompresse dell'R-1830 da 1.200 hp.

  Ogni motore azionava un'elica a 3 pale a velocità costante, con un diametro di 3,5 metri.

Il motore turbocompresso, con la sua calotta ovale, sarebbe diventato una delle caratteristiche distintive del B24 Liberator: questo motore aeronautico era ampiamente utilizzato dagli aerei americani degli anni '30 e '40 e sarebbe diventato uno dei motori più prodotti nella storia dell'aviazione.

- Il peso massimo al decollo previsto per il Model 32 era di 32.000 kg, uno degli aerei più pesanti esistenti all'epoca.

Per il Model 32 venne deciso di usare un'ala molto lunga e sottile e una coda con doppia deriva a disco simili a quelle usate sull'idrovolante di linea bimotore Consolidated Model 31.

- Il Model 32 fu il primo bombardiere americano ad avere un carrello triciclo, caratteristica che permetteva una corsa di decollo più corta e facilitava le manovre a terra.

Le prove in galleria del vento e con un Model 31 fornirono una gran quantità di dati sul comportamento in volo della nuova ala ad alto allungamento denominata Davis.
La Consolidated completò il prototipo, denominato XB-24, che volò per la prima volta il 29 dicembre 1939 dal Lindbergh field di San Diego con, ai comandi, il pilota collaudatore della Consolidated William Wheatley.

- I primi collaudi mostrarono subito la netta superiorità dell'XB-24 sul B-17 come velocità e raggio d'azione.

Prima ancora del primo volo dell'XB-24 erano arrivati i primi ordini, oltre al primo ordine dell'agosto del 1939 da parte dell'USAAC per 36 aerei, anche uno di 120 per l'Armée de l'Air e un altro di 164 per la RAF, già impegnate in guerra contro la Germania.
Nel 1940 vennero costruiti sette YB-24 e iniziarono i preparativi per la produzione di serie.
I primi B-24 prodotti andarono alla RAF, compresi quelli ordinati dall'Armée de l'Air, poiché ormai la Francia era occupata dai tedeschi.

La RAF scelse il nome Liberator in riferimento al fatto che sarebbe stato usato per combattere i tedeschi per liberare l'Europa: l'USAAC decise di usare lo stesso nome.

In seguito la Consolidated costruì, in numero limitato, la versione B-24C con motori turbocompressi, invece che sovralimentati, distinguibili dalle gondole di forma ovale schiacciata tipiche anche di tutte le versioni successive del Liberator.

Il prototipo XB-24 in volo.

- La prima versione prodotta in grande numero fu il B-24D, denominato Liberator III nella RAF, con maggiore capacità di carburante.
- Disponeva di un armamento difensivo di dieci mitragliatrici e un peso massimo al decollo di 27.000 kg, confrontabile con i britannici Stirling, Halifax e Avro Lancaster.
- Per aumentare la produzione dei Liberator, la Consolidated triplicò le dimensioni del proprio

stabilimento di San Diego in California e ne costruì un altro a Forth Worth in Texas.

- I B-24 vennero costruiti anche dalla Douglas a Tulsa in Oklahoma, dalla North American a Dallas in Texas e dalla Ford a Willow Run presso Detroit, in uno stabilimento costruito appositamente dalla superficie di 330.000 m^2 che raggiunse una produzione di 428 Liberator al mese.

Cockpit B-24D Liberator.

I diversi stabilimenti erano identificati con un codice:
- Consolidated/San Diego, CO.
- Consolidated/Fort Worth, CF.
- Ford/Willow Run, FO.
- North American/Dallas, NT.
- Douglas/Tulsa, DT.

Il B-24 ha avuto 1.820 modifiche ingegneristiche, una media di 3,6 per ogni velivolo prodotto, più di qualsiasi altro velivolo della seconda guerra mondiale.

Nel 1943 entrò in servizio la nuova versione B-24H con fusoliera allungata di 25 cm, autopilota, sistemi di puntamento e trasferimento del carburante migliorati e una torretta sul muso per migliorare la difesa da attacchi frontali dei caccia nemici.

I B-24H vennero prodotti dalla Consolidated, dalla Douglas e dalla Ford mentre la North American produsse i B-24G, una versione leggermente diversa: tutte queste ditte nell'agosto del 1943 passarono a produrre la nuova versione B-24J ancora leggermente modificata.

- Le versioni successive B-24L e B-24M erano più leggere e con diverso armamento difensivo.

Durante la guerra, la varietà di versioni del Liberator e le differenze tra aerei della stessa versione prodotti da ditte diverse causarono sempre più problemi di supporto logistico, soprattutto per la gestione delle parti di ricambio.

Nell'estate del 1944 North American, Douglas e lo stabilimento della Consolidated di Fort Worth smisero di produrre i Liberator, la produzione continuò negli stabilimenti della Consolidated di San Diego e della Ford a Willow Run, consentendo di ridurre, in parte, i problemi di supporto logistico.

- Circa 12.000 Liberator entrarono in servizio nell'United States Army Air Forces.

- L'United States Navy ricevette circa 1.000 PB4Y-1 e 739 PBAY-2 Privateer.

- La RAF ricevette circa 2.100 B-24 che vennero impiegati da 46 bomber group e 41 squadron.

- La RCAF circa 1.200 B-24J.

- La RAAF 287 tra B-24J, B-24L e B-24M e la SAAF impiegò due squadron di B-24 nel Mediterraneo.

La fine della guerra in Europa determinò rapidamente la fine della produzione del Liberator, e il contratto di produzione del Liberator venne ufficialmente rescisso nel giugno 1945.

L'ultimo B-24M fu prodotto dalla Convair nel giugno 1945, ponendo fine alla produzione del Liberator in quello stabilimento.

L'ultimo Liberator B-24N fu prodotto nello stabilimento Ford nel maggio 1945.

- A quel tempo, tutti i raid nel Pacifico erano effettuati dai B-29 e i Liberator non erano più necessari.

Alcuni B-24M prodotti dopo la data di completamento del contratto vennero inviati direttamente dalla catena di montaggio al Kingman Scrap Center.

Dopo la guerra, il numero di serie 44-51228 del B-24M-20-FO fu trasferito al Wright Aeronautical Development Center per la ricerca sugli effetti del ghiaccio.

L'armamento venne rimosso e le sezioni anteriore e posteriore vennero coperte da carenature: la ricerca aveva come obiettivo lo studio degli effetti della formazione di ghiaccio e l'indagine di metodi per contrastarla.

Successivamente, l'aereo venne convertito dall'Aeronautical Research Laboratory per testare le capacità di sghiacciamento delle ali del Boeing B-47 Stratojet e venne denominato EZB-24M.

L'aereo rimase nell'inventario dell'Aeronautica Militare fino al 1953, dopodiché fu dismesso: attualmente è esposto alla Lackland AFB, in Texas.

Il combat box

Il combat box era la formazione tattica di combattimento usata dai bombardieri pesanti strategici dell'United States Army Air Force durante la seconda guerra mondiale.

Il combat box era anche conosciuto con il termine "staggered formation" (formazione sfalsata).

I vantaggi di questa formazione erano:

- Dal punto di vista difensivo, la capacità di fornire una grande potenza di fuoco con le mitragliatrici pesanti dei bombardieri.
- Dal punto di vista offensivo, la possibilità di sganciare il carico bellico in poco tempo e concentrato sull'obiettivo.

Inizialmente questa formazione venne ideata per seguire la dottrina pre-bellica dell'United States Army Air Corps, che prevedeva che i bombardieri pesanti schierati in formazioni concentrate avrebbero potuto attaccare e distruggere gli obiettivi di giorno e senza la scorta di caccia, confidando sulla cortina di fuoco fornita dalle numerose mitragliatrici pesanti Browning M2 di cui erano equipaggiati.

Inoltre la tattica dei bombardieri dell'USAAF di volare ad alta quota richiedeva l'impiego di un sistema di sgancio delle bombe concentrato e, quindi, il combat box continuò a essere impiegato per la sua efficacia offensiva anche dopo l'arrivo di efficienti caccia di scorta che, volando molto più avanti dei combat box in missioni di superiorità aerea contro i caccia tedeschi, ridussero fortemente la minaccia delle difese aeree avversarie.

L'ideazione del combat box è stata accreditata al colonnello Curtis LeMay, comandante del 305th Bombardment Group in Inghilterra nel 1942-1943.

In realtà, la Eighth Air Force stava sperimentando differenti formazioni tattiche fin dall'epoca della sua prima missione di bombardamento in Europa, il 17 agosto 1942, alcune delle quali erano conosciute già come boxes.

Il gruppo di LeMay creò nel dicembre 1942 il combat box "Javelin Down" e questa formazione divenne la base per le varianti di combat box che furono impiegate in seguito.

- La consuetudine di definire "box" una formazione concentrata di aerei deriva dalle immagini in diagramma dall'alto, di profilo e di fronte, che sembrano posizionare ogni singolo bombardiere in una invisibile area a forma di scatola.

Il colonnello LeMay era un ufficiale estremamente energico e combattivo, assolutamente deciso a proseguire con la massima determinazione le missioni di bombardamento strategico; egli riteneva essenziale adottare una formazione che garantisse il raggiungimento dell'obiettivo e la precisione del bombardamento; inoltre, lo schieramento di volo avrebbe dovuto consentire di limitare le perdite e respingere gli attacchi della caccia tedesca dimostrando la validità della strategia generale dell'USAAF di bombardamento diurno ad alta quota senza scorta di caccia.

- LeMay diede precise disposizioni ai suoi uomini.

La formazione di bombardamento avrebbe dovuto essere mantenuta a tutti i costi e gli aerei avrebbero dovuto volare ad alta quota diritti sull'obiettivo, evitando assolutamente, anche se attaccati dai caccia e bersagliati dalla contraerea, manovre evasive che avrebbero disperso la formazione.

Volando dritti ad alta quota e ad alta velocità i bombardieri avrebbero ridotto i tempi di percorrenza nella zona di pericolo raggiungendo prima l'obiettivo, che inoltre sarebbe stato colpito con precisione grazie al sistema di puntamento Norden.

Infine, lo schieramento "Javelin Down" ideato da LeMay avrebbe ottimizzato le notevoli capacità difensive dei bombardieri che avrebbero potuto organizzare una cintura di fuoco con le loro numerose e potenti mitragliatrici pesanti.

Combat box di B-24 Liberator.

Per superare i dubbi dei suoi subordinati e galvanizzare i suoi uomini, LeMay minacciò la corte marziale per gli equipaggi che non avessero eseguito la loro missione rompendo la formazione, ma affermò anche che egli avrebbe guidato personalmente, volando nel bombardiere di testa, gli aerei sull'obiettivo.

- Lo schema del combat box di LeMay prevedeva che tre squadron, ognuno formato da 6 bombardieri, volassero disposti diagonalmente su quote diverse, in direzione del sole.

Erano formati ognuno da due pattuglie di tre bombardieri ciascuna, disposti nella classica V formation (formazione a V).
I tre squadron erano denominati:
- High element, quello più in alto.
- Lead element, quello in mezzo.

- Low element, quello più in basso.

Nella formazione a V, l'aereo centrale era il Leader mentre quello a destra era il Deputy Leader, "vice-comandante".

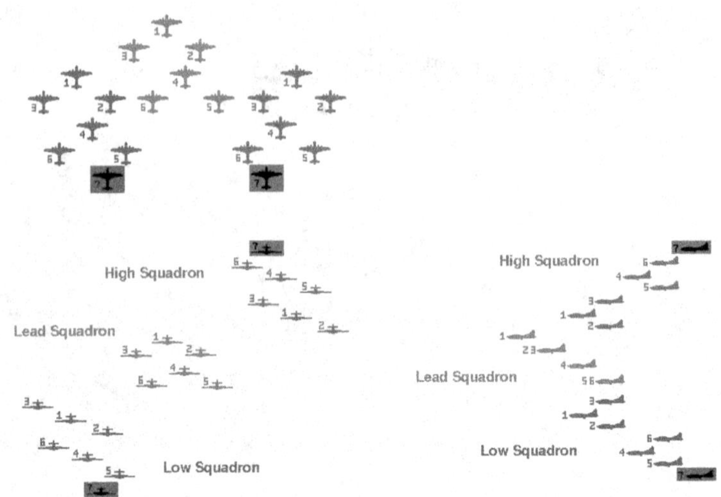

La formazione era sfalsata e la seconda V del Low element era in asse in diagonale con la seconda V del High element in volo più in alto.

- Il gruppo di LeMay volava con questa disposizione e ogni combat box di 18 aerei era distanziato di circa 2,5 chilometri dagli altri.

Il successivo combat box seguiva circa 30 metri più in basso della quota del Lead element, mentre gli altri volavano a sinistra o a destra del Lead element in base alla posizione del sole. LeMay mise in pratica le sue tattiche il 23 novembre 1942 guidando personalmente nel bombardiere di testa le combat box del 305th Bomb Group contro il porto francese di Saint-Nazaire: l'incursione fu un brillante successo.

Gli aerei volarono dritti ad alta quota sopra l'obiettivo senza subire perdite e colpendo con precisione.

- Alla fine del 1942 la formazione "Javelin Down" con 18-21 aerei era ormai impiegata da tutti i gruppi della Eight Air Force.

La formazione combat box ideata da LeMay era stata studiata per comprendere tutti gli aerei di un gruppo da bombardamento, ma con il trascorrere dei mesi del '43, la forza numerica dell'Eighth Air Force crebbe continuamente e gli ufficiali statunitensi iniziarono a impiegare varianti più grandi di combat box per inserire in una sola formazione compatta tre interi gruppi di bombardieri.

- Venne, così, costituita la combat wing con 54 aerei.

Tre gruppi di 18 aerei ciascuno riuniti insieme in combat box, sempre basati sulla formula triangolare, con un bombardiere o gruppo di bombardieri leader al centro e due altri bombardieri (o gruppi) in formazione a V, uno a quota più alta e uno più in basso, ravvicinati per garantire la difesa reciproca.

Nella nuova variante, i gruppi erano disposti in orizzontale e volavano ad altitudine maggiore per ridurre la vulnerabilità agli attacchi degli aerei nemici.

La wing box con 54 aerei venne ulteriormente modificata nel tempo per contrastare meglio le nuove tattiche della caccia tedesca, che a partire dalla metà del 1943 iniziò a praticare regolarmente il metodo dell'attacco frontale ai bombardieri.

Si cercò di rendere la formazione ancora più compatta; inoltre essendo disponibili alla fine di maggio solo quattro gruppi di B-17 nella Eighth Air Force, vennero costituiti gruppi compositi formati da squadroni provenienti da differenti gruppi.

- In alcune occasioni venne aggiunto un quarto gruppo al wing box che così assunse una forma a diamante.

Il quarto gruppo del wing box, tuttavia volando in coda alla formazione, spesso si dimostrò vulnerabile alle tattiche della Luftwaffe di attaccare per prime i bombardieri in volo nei punti più esterni della formazione.

- Il wing box, generalmente, era disteso per oltre 900 metri in verticale, 2,1 chilometri in profondità e 600 metri orizzontalmente.

Si dimostrò una formazione efficace ma difficoltosa da conservare in azione: le successive combat wing volavano generalmente a 9,5 chilometri di distanza tra loro.

Nel complesso, il combat wing poteva impegnare un numero impressionante di armi difensive, costituendo uno sbarramento formidabile contro gli attacchi dei caccia tedeschi.

- I 54 bombardieri disponevano in totale di 648 mitragliatrici pesanti da 12,7 mm che potevano sparare ciascuna fino a 14 proiettili al secondo alla distanza di 550 metri.

Per fronteggiare gli attacchi frontali dei caccia tedeschi, inoltre, i bombardieri ricevettero nel giugno 1943 una nuova torretta anteriore equipaggiata con altre due mitragliatrici pesanti che incrementarono ancora la potenza di fuoco difensivo del combat box.

Nonostante la sua potenza e coesione, la formazione wing box aveva alcuni punti deboli; uno dei maggiori svantaggi era costituito da fatto che gli elementi in volo più in basso e più in alto, volando alle due estremità della formazione, erano più vulnerabili e avevano una minore protezione.

- Inoltre, poteva esserci il rischio che un aereo fosse colpito dalle bombe sganciate dai bombardieri in volo più in alto se avesse perso la posizione nel box.

Nell'estate 1943 l'Eighth Air Force accrebbe in modo straordinario le sue forze fino a schierare 16 gruppi di B-17 e 4 gruppi di B-24, mentre a giugno 1944 avrebbe raggiunto i 39 gruppi in servizio attivo.

Le tabelle organizzative regolari furono aggiornate e i gruppi di bombardieri pesanti incrementarono la loro forza numerica da 35 a 62 aerei, grazie all'enorme afflusso di nuovi bombardieri a partire dall'autunno 1943: l'impiego di gruppi compositi venne abolito e molti gruppi iniziarono a portare in volo due box contemporaneamente nella stessa missione.

Il wing box con 54 aerei impiegato dai B-17 dell'Eighth Air Force richiedeva esperienza, abilità e disciplina da parte degli equipaggi per mantenere la corretta formazione: turbolenze nel volo dei bombardieri di testa potevano aggiungere ulteriori difficoltà per mantenere la posizione all'interno dei vari box.

- La formazione con 54 aerei era stata studiata, soprattutto, per fornire una grande potenza di fuoco difensivo in un periodo in cui la minaccia principale ai bombardieri era costituita dai caccia della Luftwaffe.

Tuttavia, a partire dal maggio 1944, l'arma tedesca più pericolosa per gli aerei della Eighth Air Force divenne la FlaK, l'artiglieria contraerea: in queste condizioni gli alti comandi decisero di tornare al combat box con 36 aerei schierati in formazione meno serrata.

Questa disposizione venne impiegata regolarmente nell'ultima parte della guerra, tranne quando si prevedeva di incontrare una forte opposizione aerea da parte dei caccia tedeschi.

Nell'ottobre 1943 entrò per la prima volta in azione il Pathfinder group equipaggiato con guida radar, ritenuto necessario per migliorare i risultati del bombardamento in avverse condizioni atmosferiche dei combat box con 36 aerei.

Inoltre, per minimizzare i rischi di collisione, si decise di raddoppiare da due a quattro gli elementi di tre aerei in ogni squadrone e di disporre tutti e tre i bombardieri alla stessa altitudine.

Il colonnello LeMay, che era stato trasferito al comando della 3rd Bomb Division, introdusse subito la nuova combat box con dodici aerei schierati in formazione a diamante, ritenendola superiore alle altre tattiche.

Quindi, quando nell'agosto 1944 venne promosso generale di brigata e trasferito sul fronte del Pacifico e del Sud-Est Asiatico per prendere il comando della Twentieth Air Force in India con l'incarico di sferrare l'operazione Matterhorn, adottò questa formazione per i suoi bombardieri strategici ultrapesanti Boeing B-29 Superfortress.

- Venne anche studiata una variante con una formazione di quattro squadroni di nove aerei ciascuno, schierati a diamante, per migliorare la concentrazione del rilascio delle bombe.

In questa formazione ogni wing box seguiva la scia del precedente e lo schieramento era anche più facile da scortare e proteggere. La posizione ravvicinata dei quattro squadroni, tuttavia, era difficoltosa da conservare e incrementava il rischio che un bombardiere volante più in basso fosse colpito dalle bombe sganciate dai bombardieri più in alto.

- In situazione particolari il box con 36 aerei rinunciava allo squadrone più in basso per ridurre questi rischi.

I combat box con 36 o 27 bombardieri furono universalmente impiegati nel 1944, anche se fu sviluppata per i B-24 della Eighth Air Force e della Fifteenth Air Force una formazione a diamante con quattro squadroni di dieci aerei ciascuno.

Durante l'inverno 1944-45 divenne prioritario ridurre le perdite di bombardieri causate dalla FlaK.

Il combat box con 27 aerei divenne la formazione di base per i B-17 per tutto il 1945, ampiamente distanziato lateralmente per evitare danni catastrofici all'intera formazione in caso di singolo colpo a segno del nemico. Inoltre, i bombardieri d'ala volavano più in avanti degli elementi leader, creando in questo modo un box che era disteso su 230 metri verticalmente, 200 metri in profondità e 360 metri lateralmente.

- Questa versione finale del combat box permetteva eccellenti modalità di rilascio del carico bellico, era facile da controllare e mantenere e riduceva il bersaglio per la contraerea tedesca.

I bombardieri B-24 Liberator della 2nd Air Division dell'Eighth Air Force avevano maggiori difficoltà rispetto ai B-17 a mantenere la formazione ad alta quota con una visibilità inferiore per gli equipaggi a causa delle ridotte superfici vetrate dell'aereo.

- Di conseguenza, i B-24 usavano spesso una variante con 27 aerei del classico combat box.

Un elemento di ogni squadrone, normalmente il più in alto dello squadrone leader in alto a destra, e il più in basso dello squadrone in basso a sinistra, era mantenuto fuori dalla formazione in modo che potesse trovarsi fianco a fianco con gli elementi in coda.

- Con questa variante il combat box dei B-24 manteneva una formazione in linea di 740 metri in orizzontale, 210 metri in verticale e solo 100 metri di profondità.

Questa disposizione riduceva, però, sensibilmente il tempo di passaggio sull'obiettivo.
Il 96th Bomb Wing modificò ulteriormente la formazione in missione di combattimento, spostando lo squadrone leader in una posizione più elevata in quota, con il secondo squadrone

subito dietro e 45 metri più in basso, e il terzo squadrone in fila dietro il secondo e altri 45 metri più in basso.

Questa formazione si dimostrò molto efficace e precisa sul bersaglio, raggiungendo devastanti effetti distruttivi negli ultimi mesi di guerra.

La Fifteenth Air Force sul teatro del Mediterraneo era costituita principalmente da bombardieri B-24 che volavano a un'altitudine di circa 1.500 metri più in basso dei B-17 della Eighth Air Force.

Dal dicembre 1943 al luglio 1944, questa forza aerea impiegò una formazione group box più grande, denominata "six-box formation", costituita da 40 aerei, con il gruppo suddiviso in due unità di venti bombardieri ciascuna, disposti uno dietro l'altra, e con ognuna delle due unità organizzata in combat box di tre squadroni.

Lo squadrone centrale della prima unità era una formazione composita di sei aerei tra cui il leader del gruppo e il vice comandante in volo sulla sua destra.

- I sei bombardieri volavano in formazione a V, sfalsati in altezza.

- Dai due lati dello squadrone del leader volavano altri box di sette bombardieri, denominati, quello sulla destra baker box e quello sulla sinistra charlie box.

Anche questi squadroni adottavano la formazione a V di tre aerei con un bombardiere aggiuntivo in volo nello spazio di retrovia al centro di ciascun squadron box (cosiddetta sesta posizione); questo sistema era noto come "Tail-end Charlie".

In questa posizione era generalmente schierato il bombardiere con l'equipaggio meno esperto dello squadrone ed era vulnerabile agli attacchi dei caccia nemici.

- La seconda unità del group box era configurata nello stesso modo e i suoi box erano identificati con le denominazioni dog, easy, e fox.

Questa unità volava circa 150 metri più in basso della prima unità.

Poiché era molto estesa lateralmente, questa formazione con sei box non era molto compatta: inoltre, era difficoltosa da mantenere e, quindi, era meno efficiente dal punto di vista della precisione del bombardamento.

Nell'estate 1944 la Fifteenth Air Force iniziò ad adottare una formazione a diamante che migliorò l'accuratezza del bombardamento ma ebbe anche conseguenze negative con l'incremento delle perdite causate dalla FlaK tedesca.

- Questa formazione riduceva il numero dei box da sei a quattro, ognuno con tre elementi di tre aerei più un "Tail-end Charlie".

La formazione con quattro box si dimostrò più facile da organizzare e disporre in volo, inoltre,consentiva un rilascio più raggruppato del carico bellico e forniva una potenza di fuoco difensivo più concentrata contro i caccia avversari.

Riassumendo la Combat Box Formation era composta da una serie di relazioni di base tra gli aerei.

Dalla più piccola alla più grande, queste formazioni erano:

- Formazione Elementare: tre aerei.
- Formazione Squadrone: quattro Elementi = dodici aerei.
- Formazione Gruppo: tre Squadroni = trentasei aerei.
- Formazione Ala: tre Gruppi = centootto aerei

Impiego

L'USAAF ricevette i primi otto B-24A nell'estate del 1941 e li impiegò inizialmente come aerei da trasporto.

Due B-24A vennero modificati per missioni di ricognizione a lungo raggio sulle basi giapponesi nelle isole del Pacifico: queste missioni vennero poi cancellate a causa dell'attacco a Pearl Harbour, in cui venne distrutto anche uno di questi due aerei.

I primi quindici LB-30 vennero assegnati al 19th Bomber Group a Giava nel gennaio del 1942, poi altri diciassette al 6th BG a Panama e tre al Composite Group in Alaska per missioni antinave.

Alcuni LB-30 vennero poi convertiti in aerei da trasporto disarmati con muso e coda interamente metallici e portellone di carico sul lato sinistro della fusoliera.

- Il 6 giugno 1942 quattro B-24 partirono da Midway per bombardare l'atollo di Wake occupato dai giapponesi, ma non trovarono l'obiettivo.

Il 12 giugno 1942 tredici B-24 partiti dall'Egitto bombardarono le raffinerie e i depositi di carburante di Ploiesti in Romania.

Il primo B-24 venne abbattuto sull'Europa il 26 febbraio 1943, era il 41-23777 "Maisey" del 44th Bomb Group in missione di bombardamento su Brema, abbattuto dal Messerschmitt Bf-109 pilotato dal tenente Heinz Knoke, che terminò la guerra con trentuno vittorie, appartenente al JG1.

- Solo due degli undici uomini a bordo si salvarono: tra le vittime anche il giornalista Robert B. Post del New York Times a bordo come corrispondente di guerra.

Durante gli anni di guerra successivi i B-24 vennero impiegati in tutti i teatri operativi dall'Europa al sud-est asiatico, compresi l'Atlantico e il Pacifico dove venne spesso preferito al Flying

Fortress per il maggiore raggio d'azione e le minori esigenze di supporto logistico.

B-24 Liberator del 93rd Bomb Group in formazione. L'aereo in primo piano è il Joisey Bounce (serie 41-24226), accompagnato da The Duchess (serie 41-24147), il successivo è il Boomerang (serie 41-23722), l'ultimo è il Thunder Mug (serie 42-40246).

Il Liberator venne ampiamente utilizzato per missioni di bombardamento strategico sull'Europa dall'8th Air Force dell'USAAF partendo da basi nel Regno Unito, dalla 9th Air Force di base in Africa e poi anche dalla 15th Air Force di base in Italia, che aveva tredici gruppi su diciotto equipaggiati con B-24. Complessivamente, migliaia di Liberator dell'USAAF sganciarono decine di migliaia di tonnellate di bombe su obiettivi militari e industriali.

Il 1° agosto 1943 178 B-24 vennero impiegati per il secondo attacco alle raffinerie e ai depositi di carburante di Ploiesti in Romania denominato Operazione Tidal Wave.

L'USAAF arrivò ad avere in servizio ben 6.043 B-24 nel settembre del 1944.

I Liberator dell'US Navy parteciparono alla battaglia dell'Atlantico, inoltre l'US Navy impiegò un gran numero di B-

24 e 977 PB4Y-1 per scortare i convogli ed eseguire pattugliamenti antinave e antisommergibile nel Pacifico.

Dopo la fine della guerra molti B-24 vennero impiegati come aerei da trasporto in tutto il mondo: in estremo oriente vennero ampiamente impiegati per trasportare i rifornimenti necessari per la ricostruzione di Cina, Giappone e Filippine.

- Solo un B-24 venne ufficialmente consegnato all'Urss in base alla legge Affitti & Prestiti.

Si trattava di un aereo smarritosi sullo Yakutsk mentre svolgeva una missione governativa in Unione Sovietica, nel novembre 1942: ma ben 73 Liberator di vari modelli che avevano compiuto atterraggi di emergenza sugli aeroporti europei, vennero recuperati dai sovietici.

Trenta di questi aerei vennero riparati e messi in condizioni di volare e assegnati al 45° BAD.

I primi sei LB-30A (AM258-263) vennero consegnati al Regno Unito nel dicembre del 1940 a Montreal.

Per l'armamento difensivo limitato e l'assenza di serbatoi autosigillanti vennero considerati inadatti al combattimento, disarmati e impiegati dalla British Overseas Airways Corporation (BOAC) per trasporto sulla rotta del nord Atlantico e per i collegamenti tra il Regno Unito e l'Egitto passando sopra l'Atlantico per aggirare l'Europa occupata e la Spagna, neutrale ma filotedesca.

- La prima missione nel marzo del 1941 fu di trasporto per riportare negli USA i piloti americani che avevano portato i Liberator nel Regno Unito.

I Liberator vennero impiegati dalla RAF come aerei da trasporto anche per l'evacuazione di Giava.

I primi Liberator B Mk I vennero impiegati dal RAF Coastal Command per pattugliamenti antisommergibile sull'Atlantico.

In seguito, sempre nel 1941, entrarono in servizio nella RAF i primi Liberator II, dotati di serbatoi autosigillanti, torrette motorizzate e fusoliera anteriore allungata per aumentare lo spazio per l'equipaggio.

I Liberator II vennero assegnati al Coastal Command e al Bomber Command.

- Un Liberator II modificato venne utilizzato come trasporto VIP da Winston Churchill.

Due squadron di Liberator II vennero trasferiti in medio oriente all'inizio del 1942 e impiegati per la prima volta come bombardieri.

Il Bomber command della RAF non utilizzò i Liberator come bombardieri sull'Europa, ma il 223rd Squadron del 100th Bomber Support Group equipaggiato con venti Liberator modificati con sistemi di guerra elettronica venne impiegato per disturbare i radar nemici.

Per il loro raggio d'azione i Liberator vennero impiegati anche per pattugliamento marittimo antinave e antisommergibile, ricognizione, trasporto persone, materiali e carburante.

- Dall'inizio della guerra per il Regno Unito erano vitali i rifornimenti inviati dagli Stati Uniti via mare attraverso l'Atlantico.

I sommergibili tedeschi (U-Boot) attaccavano questi convogli e avevano il grosso vantaggio che la parte centrale dell'oceano era al di fuori del raggio d'azione degli aerei alleati basati in Europa e America del nord, in quella vasta zona, definita dagli alleati Mid-Atlantic gap, l'unica difesa per i convogli erano le navi di scorta, ma non erano possibili azioni efficaci per contrattaccare cercando e distruggendo gli U-Boot in navigazione.

Nel 1941 nel 120th Squadron del Coastal Command entrarono in servizio alcuni Liberator modificati con la rimozione di parte delle mitragliatrici e della blindatura, serbatoi supplementari nella stiva bombe, radar ASV Mark II e fari Leigh per cercare gli U-Boot anche di notte.

- Questi Liberator avevano un raggio d'azione sufficiente a coprire il Mid-Atlantic gap ed erano, quindi, in grado di scortare i convogli ed eseguire pattugliamenti antisommergibile.

In seguito, altri squadron della RAF di base nel Regno Unito e in Islanda e alcuni della RCAF di base in Canada vennero equipaggiati con Liberator.

Le missioni antisommergibile erano pericolose per gli aerei, soprattutto dopo che gli U-Boot vennero armati con mitragliatrici contraeree e cambiarono tattica passando a navigare in superficie per essere pronti a sparare.

L'entrata in servizio in massa dei Liberator negli squadron antisommergibile delle diverse nazioni alleate portò alla supremazia alleata nell'Atlantico a partire dal maggio del 1943. Complessivamente i Liberator delle diverse nazioni alleate contribuirono alla distruzione di 72 U-Boot.

I Liberator vennero impiegati dai seguenti reparti di volo della RAF:

- 53rd, 59th, 120th, 206th, 224th e 233rd squadron del Coastal Command.
- 223rd squadron del Bomber Command dal 1944 al 1945.
- 8th squadron del Coastal Command di base in India dopo la guerra.
- 102nd squadron del Transport command di base nello Sry Lanka dopo la guerra.
- 200th squadron del Coastal Command di base in Gambia dopo la guerra.

Dopo la fine della guerra, molti Liberator vennero impiegati come aerei da trasporto in tutto il mondo, alcuni Liberator vennero impiegati dalla Qantas Empire Airways sulla rotta tra

Colombo in Sri Lanka e Perth in Australia, all'epoca la più lunga rotta senza scalo, finché vennero sostituiti dagli Avro Lancastrian, aerei commerciali derivati dal bombardiere Avro Lancaster.

Con la fine della Seconda guerra mondiale i Liberator che avevano operato sul Teatro indiano e indocinese furono concentrati a Chakeri, nell'Uttar Predesh (India settentrionale), dove si trovava una base del Comando dell'Asia Sud Orientale).

- Nell'ottobre del 1945 il governo statunitense, a cui erano stati restituiti i B-24 ceduti alla Gran Bretagna con la legge affitti e prestiti, ne ordinò la demolizione.

Gli aerei presenti sul campo erano 230 e dovevano essere demoliti asportando armamento, strumenti di bordo, distruzione dei quadri di controllo e dei motori, e, infine, foratura delle fusoliere e distruzione delle gambe dei carrelli utilizzando bulldozer: tuttavia, questa drastica operazione di distruzione non fu portata a termine su tutti gli aerei.

Nel 1947, avendo ottenuto l'indipendenza, l'India si trovò nella necessità di fronteggiare il Pakistan, con l'Indian Air Force (IAF) che, per il bombardamento, aveva solo dei C-47 Dakota adattati all'uso. Avendo una necessità urgente di fornirsi di bombardieri moderni la IAF stabilì una collaborazione con la Hindustan Aircraft Limited (società che aveva gestito la manutenzione degli aerei anglo-americani nel corso della guerra) per recuperare gli aerei ancora recuperabili a Chakuri.

Considerando che gli stabilimenti della HAL erano a Bangalore e che gli aerei non erano trasferibili per via terrestre, fu necessario stabilire a Chakeri un centro di riparazioni di primo livello che permettesse di risistemare gli aerei almeno per essere trasferiti in volo per i 1.500 km che erano necessari per giungere a Bangalore.

- Quest'attività, praticamente, richiese di "cannibalizzare" un numero imprecisato di carcasse di aerei per recuperare i pezzi mancanti necessari alla ricostruzione di un nuovo Liberator.

I primi Liberator furono disponibili a metà del 1948 e, quando fu completato il programma di ricostruzioni nel 1952, erano stati ricostruiti 42 aerei.

Una volta trasferiti a Bangalore gli aerei furono totalmente ricondizionati e portati agli standard operativi dei B-24 L o J: il 2 novembre 1948 i primi sei B-24 furono consegnati allo Squadron 5 della IAF sull'aeroporto di Poona.

Dopo questa unità ebbero i B-24 lo Squadron 6 (Flying Dragoons) e lo Squadron 16, mentre il Flight 102 (che aveva compiti di aerofotogrammetria) ricevette due C-87, versione da trasporto del B-24.

I B-24, dato che la Guerra fra India e Pakistan era stata bloccata da una risoluzione dell'ONU, rimasero in servizio solo come deterrente e non furono mai impiegati come bombardieri in azioni belliche.

Invece, fu utilizzato un C-87 del Flight 102 nell'estate del 1953 per fotografare la spedizione di Hillary che aveva raggiunto la vetta dell'Everest, dimostrando così il successo della scalata.

I Liberator furono lasciati dallo Squadron 5 nel 1957 e lo Squdron 6 fu trasferito al ruolo di ricognizione marittima, quindi, i suoi arerei furono modificati imbarcando un radar aria-superficie ASV 15 nello spazio lasciato libero dalla torretta ventrale rimossa.

In questo ruolo, i B-24 parteciparono alle operazioni contro Goa (1961) e alla seconda guerra con il Pakistan (1965).

- Gli ultimi B-24 furono dismessi dalla IAF il 31 dicembre 1968, venti anni dopo essere entrati in servizio.

La contraerea era un problema serio per il B-24 Liberator.

- La precisione e la concentrazione della contraerea sull'Europa non furono mai contemplate durante la progettazione del B-24.

La Germania era particolarmente abile nel lanciare contraerea, che divenne molto precisa dopo lo sviluppo dei sistemi di guida radar: inoltre, i caccia tedeschi volavano fino al livello dei bombardieri e segnalavano l'altitudine delle formazioni di bombardieri.

Gli squadroni di bombardieri alleati usavano manovre evasive per evitare la contraerea, ma i flussi di bombardieri rimanevano molto vulnerabili agli effetti devastanti della contraerea.

Inoltre, il B-17 poteva volare più in alto del B-24, in quanto i B-24 che volavano a 2.000-3.000 piedi al di sotto dei B-17, offrivano bersagli migliori per i cannoni contraerei.

- Il B-24 era meno comodo del B-17 e i mitraglieri inattivi dovevano sedersi sul pavimento.

Era anche più freddo e i riscaldatori spot erano inadeguati: le correnti d'aria sembravano essere ovunque: l'equipaggiamento fu aggiunto al B-24, mentre sul B-17 era incorporato: muoversi sul B-24 era scomodo quando si indossava l'equipaggiamento completo, e spesso si verificavano forti collisioni con le strutture dell'aereo e l'equipaggiamento installato.

Durante i trasferimenti di carburante, la cabina si riempiva di fumi di benzina e le porte del vano bombe dovevano essere aperte per far uscire i fumi.

Le differenze di comfort sono state attribuite al fatto che lo sviluppo del B-24 avvenne in tempo di guerra, dove la quantità diventa più importante della qualità.

Infatti, il B-17 fu sviluppato in tempo di pace, il che consentì più tempo per risolvere molti dei bug prima di entrare in servizio.

Il B-24 aveva anche un tasso di incidenti più alto del B-17: solo nel 1943, 850 membri dell'equipaggio della Second Air Force furono uccisi in 298 incidenti del B-24.

Operazione Tidal Wave

L'operazione Tidal Wave fu una missione di bombardamento aereo eseguita durante la seconda guerra mondiale da 178 Consolidated B-24 Liberator appartenenti a cinque diversi gruppi dell'8th e 9th Air Force dell'USAAF per distruggere le raffinerie di petrolio di Ploieşti in Romania, fondamentali per il rifornimento di carburante alle forze armate tedesche.

- Situata a circa 60 km a nord di Bucarest, la capitale rumena, Ploiesti era il cuore della produzione di petrolio rumena.

Durante la Seconda guerra mondiale, c'erano almeno 12 complessi di raffinerie attorno alla città: Astra Romana era la più grande raffineria in Europa, affiancata da altre tre quasi altrettanto grandi.

- La produzione totale di petrolio raffinato era superiore a 10 milioni di tonnellate, cioè circa il 35 per cento del fabbisogno di petrolio della Germania.

Il 12 giugno 1942 era stato eseguito un primo bombardamento da dodici B-24D partiti dalla base di Fayid presso il canale di Suez: l'attacco aveva causato pochi danni, ma dimostrato la possibilità di un'incursione a bassa quota con bombardieri pesanti.

La missione, denominata Halverston Project, (HALPRO) dal nome del colonnello Harry Halverston che l'aveva ideata, fu il primo bombardamento eseguito dall'USAAF sull'Europa.

A differenza della missione HALPRO, l'operazione Tidal Wave venne attentamente pianificata: vi parteciparono 178 B-24, che, partendo dalla base aerea di Bengasi, in Libia, volarono per più di 3.900 km.

Per molti, in considerazione dell'attacco a bassa quota in condizioni di elevata turbolenza, contrastato con accanimento dalla flak e dai caccia nemici, gli equipaggi dei Liberator che bombardarono Ploiesti vanno annoverati tra gli uomini più coraggiosi che abbiano mai preso parte a una missione aerea.

- Il brigadier generale Uzal Girard Ent era al comando delle forze americane durante la missione, passata alla storia come una della più disastrose per le perdite di aerei e uomini d'equipaggio.

Il colonnello Jacob E. Smart, a cui era stata affidata la pianificazione dell'operazione, decise per un attacco a bassa quota per evitare i radar tedeschi, basandosi sull'esperienza della missione HALPRO: questa scelta era dovuta anche al fatto che durante la missione HALPRO era stata incontrata una difesa contraerea limitata.

La responsabilità dell'operazione venne assegnata alla 9th Air Force, per la missione vennero assegnati cinque gruppi bombardieri:

- 8th Air Force:
  - ✓ 98th Gruppo Bombardieri, colonnello John R. Kane.
  - ✓ 376th Gruppo Bombardieri, colonnello Keith K. Compton.

- 9th Air Force:
  - ✓ 44th Gruppo Bombardieri, colonnello Leon W. Johnson.
  - ✓ 93rd Gruppo Bombardieri, tenente colonnello Addison E. Baker.
  - ✓ 38th Gruppo Bombardieri, colonnello Jack W. Wood.

L'idea era quella di attaccare le raffinerie in sette punti quasi contemporaneamente e per fare ciò era necessaria una perfetta sincronia nell'arrivo dei bombardieri sui bersagli.

- Per l'addestramento venne costruito un modello delle raffinerie nel deserto libico: inoltre, nel luglio 1943 vennero eseguite alcune missioni di bombardamento a bassa quota su alcuni obiettivi secondari.

I B-24D, progettati per il volo ad alta quota, vennero dotati di serbatoi supplementari nella stiva bombe, arrivando a una capacità di carburante di 11.718 litri per ottenere l'autonomia necessaria per la missione.

L'attacco era previsto per il primo agosto con 178 B-24 per un totale di 1.764 uomini d'equipaggio, una delle forze più numerose mai radunate per un'unica missione: il piano di volo prevedeva di partire da Bengasi, sorvolare il Mediterraneo e l'Adriatico, l'isola di Corfù i monti Pindus in Albania e la Jugoslavia meridionale, poi gli aerei si sarebbero divisi per arrivare a Ploiesti da nord in maniera coordinata per colpire tutti i bersagli quasi contemporaneamente.

- Purtroppo per gli americani, il generale Alfred Gerstenberg, al comando della difesa aerea in Romania, a seguito della missione HALPRO, aveva chiesto e ottenuto i mezzi per realizzare uno dei migliori sistemi di difesa aerea d'Europa.

In particolare attorno a Ploiesti erano stati piazzati centinaia di cannoni antiaerei di tutti i calibri, fino a 105 mm, mimetizzati in vari modi, anche come strutture agricole e su treni per permetterne lo spostamento rapido.

Inoltre, era in funzione una rete radar collegata con le vicine basi aeree dove erano disponibili 52 caccia tra Messerschmitt Bf 109 e Bf 110 più altri caccia romeni e bulgari.

Gerstenberg contava anche sui centri di intercettazione delle comunicazioni alleate posti ad Atene, per avere un ampio preavviso in caso di attacchi aerei partiti dall'Africa.

Alle 7:00 del 1° agosto 1943 gli aerei iniziarono a decollare dalle basi attorno a Bengasi sollevando grandi quantità di polvere che crearono problemi di visibilità e ai motori, per questi motivi un aereo ebbe un incidente in fase di decollo.

- I 177 aerei decollati arrivarono sull'Adriatico dove l'aereo 28 "Wingo Wango" pilotato dal tenente Brian Flavelle appartenente al 376th BG perse il controllo cadendo in mare.

L'aereo 23 "Desert Lilly" pilotato dal tenente Guy Lovine scese di quota per cercare eventuali sopravvissuti: dopo aver constatato che non c'erano superstiti "Desert Lilly" a causa del carico di bombe e carburante non riuscì a riunirsi alla formazione, anche a causa del totale silenzio radio imposto per la missione.

- Altri dieci aerei persero contatto con le loro formazioni e rientrarono su basi aeree alleate.

I B-24 raggiunsero poi i monti Pindus e li sorvolarono a una quota di 3.350 metri, gli aerei del 93rd e 376th BG distanziarono le altre formazioni alterando i tempi previsti dal piano originale del colonnello Smart che richiedeva un preciso sincronismo.

Tutti gli aerei mantennero, comunque, il silenzio radio come ordinato impedendo, quindi, un coordinamento preciso.

Presso Pitesti, a circa 105 km da Ploieşti, le formazioni iniziarono a separarsi per arrivare sugli obiettivi nei tempi e dalle direzioni previste: il 389th BG puntò su Campina, mentre gli altri proseguirono.

Giunti sopra Targoviste il colonnello Compton scambiò una linea ferroviaria per quella diretta a Ploieşti da seguire come riferimento per cui puntò con il suo gruppo seguito dal 93rd verso Bucarest nonostante il parere contrario del suo navigatore capitano Harold Wicklund che aveva già partecipato alla missione HALPRO.

Alcuni aerei ruppero il silenzio radio per segnalare l'errore.

Nonostante l'errore del colonnello Compton, Baker con il suo B-24 "Hell's Wench" accortosi dell'errore corresse la rotta dirigendosi verso Ploiesti: di conseguenza il 93rd BG era su una rotta diversa da quella originale prevista e ancora seguita dai tre gruppi rimasti indietro. Compton si rese conto dell'errore poco prima di arrivare a Bucarest e cambiò rotta puntando su Ploieşti. Alle 14:00 circa il 93rd BG arrivò per primo sull'obiettivo con le difese nemiche già in allarme.

L'aviazione statunitense bombarda le importanti raffinerie di petrolio di Ploiesti

L'"Hell's Wench" venne danneggiato dalla contraerea costringendo Baker e il suo copilota maggiore John L. Jerstad a sganciare le bombe per alleggerire l'aereo per potere continuare a guidare la formazione verso l'obiettivo specifico, la raffineria Columbia Aquila.

Superato l'obiettivo, Baker e Jerstad riuscirono a mantenere l'"Hell's Wench" in volo cabrato per permettere al resto dell'equipaggio di lanciarsi: per quest'azione vennero decorati alla memoria con medaglia d'onore.

Il maggiore Ramsay D. Potts su "The Duchess" e il maggiore George S. Brown su "Queenie" incontrarono dense nubi di fumo sopra la raffineria Columbia Aquila e altri due aerei del 93rd BG assieme a cui sganciarono le loro bombe sulle raffinerie Columbia Aquila, Astra Romana e Unirea Orion.

- Durante quest'attacco, il 93rd BG perse undici aerei.

Giunto su Ploieşti, il generale Ent decise che le difese della raffineria Romana Americana, bersaglio previsto per il 376th BG, erano troppo pericolose e ordinò a Compton di attaccare la raffineria Steaua Romana a Campina, che era il bersaglio del 389th BG in arrivo da est.

Cinque aerei del 376th BG proseguirono verso la raffineria Concordia Vega già sotto attacco: a Campina, le batterie contraeree piazzate sulle colline circostanti erano in grado di sparare sugli aerei dall'alto, inoltre i B24 vennero attaccati da caccia IAR 80 romeni.

Mentre i 93rd e 376th BG erano già in azione, il 44th BG del colonnello Leon W. Johnson e il 98th BG del colonnello John R. Kane virarono sopra Floresti per puntare verso i rispettivi bersagli, le raffinerie Columbia Aquila e Asta Romana.

- Entrambe le formazioni volavano a bassa quota seguendo la ferrovia Floresti-Ploieşti per cui incontrarono i treni armati con la contraerea.

Volando appena sopra il livello degli alberi a circa quindici metri da terra, il 44th BG sulla destra e il 98th BG sulla sinistra, fu possibile ai mitraglieri dei B24 rispondere al fuoco nemico mettendo fuori uso la locomotiva e procurando molte perdite fra i soldati tedeschi.

Nonostante gli effetti dell'attacco dei 93rd e 376th BG rendessero più difficile riconoscere i bersagli, Johnson e Kane continuarono a volare a bassa quota diretti verso l'obiettivo guidando le loro formazioni sulla rotta prevista, subendo pesanti perdite, mentre i mitraglieri sparavano sulle postazioni della contraerea.

- Per quest'azione vennero entrambi decorati con la medaglia d'onore.

Il tenente colonnello James T. Posey guidò ventuno aerei del 44th BG in un attacco alla raffineria Creditul Minier a sud di Ploiești volando a quota molto bassa e mantenendo la formazione nonostante il carico di bombe e il fuoco della contraerea.

L'ultimo attacco venne condotto dal 389th BG del colonnello Jack W. Wood alla raffineria Steaua Romana: quattro Liberator del 389th BG vennero abbattuti tra cui l'"Ole Kickapoo" pilotato dal tenente Lloyd Herbert Hughes di soli ventidue anni.

- L'aereo perdeva carburante che s'incendiò a causa delle esplosioni, Hughes riuscì a portarlo fino sopra all'obiettivo per sganciare le bombe e poi tentò un atterraggio di fortuna nel letto di un fiume.

Hughes e cinque uomini dell'equipaggio rimasero uccisi, mentre due, il navigatore tenente Sidney A. Pear e il bombardiere tenente John A. McLoughlin, gravemente feriti morirono in seguito mentre due mitraglieri, i sergenti Thomas Albert Hoff e Edmund H. Smith, riuscirono a salvarsi e vennero catturati.

Hughes venne decorato con la medaglia d'onore alla memoria.

L'attacco durò complessivamente 27 minuti, cui seguirono altre sette ore di volo per il ritorno, nel migliore dei casi: alcuni aerei atterrarono quattordici ore dopo la partenza da Bengasi, come avvenne per un B-24 seriamente danneggiato.

Dei 177 B24 partiti per la missione, solo 88 rientrarono a Bengasi e di questi solo 33 erano in condizioni operative il giorno seguente: 53 aerei vennero abbattuti, di cui 44 dalla contraerea.

B-24 Liberator a bassa quota mentre si avvicinano alle raffinerie di petrolio di Ploesti, Romania, 1 agosto 1943. In primo piano c'è il B-24D Li'l Jughaid, numero di serie 42-63758. La fotografia è stata scattata dall'aereo di testa del 98°, pilotato dal colonnello John R. Kane. Dopo la formazione dietro Li'l Jughaid c'è Daisy Mae e Black Magic.

Alcuni aerei caddero nel Mediterraneo durante il volo di ritorno, altri rientrarono su altre basi alleate come la base RAF di Corfù. Altri ancora atterrarono in Turchia, paese neutrale, dove gli equipaggi vennero internati fino alla fine della guerra.

- Complessivamente, 440 uomini degli equipaggi vennero uccisi e 220 catturati.

Per questa missione vennero assegnate cinque medaglie d'onore, il numero maggiore mai raggiunto in un'unica missione dell'USAAF.

Il B24 "Brewery Wagon" abbattuto durante l'attacco a Ploieşti venne poi riparato e impiegato dall'aviazione romena come aereo da trasporto.

- Il bombardamento causò gravi danni alle raffinerie di Ploieşti, ma non la loro distruzione totale.

Gerstenberg, oltre alla difesa, aveva pianificato anche la gestione delle raffinerie che normalmente lavoravano a ritmi inferiori ai massimi possibili.

Gli alleati stimarono che la produzione delle raffinerie di Ploieşti fosse stata ridotta del 66% a causa dell'attacco, ma in poche settimane la maggior parte dei danni venne riparata e la produzione tornò ai livelli precedenti, fatta eccezione per la Steaua Romana di Campina che era stata la più danneggiata e rimase fuori uso fino alla fine della guerra.

- Le raffinerie di Ploieşti vennero nuovamente attaccate più volte dai bombardieri della 15th Air Force nel 1944 ma con bombardamenti da alta quota.

Nell'agosto 1944 le truppe dell'Armata Rossa conquistarono la Romania bloccando, quindi, le forniture di carburante ai tedeschi.

Il B-24 ha fatto progredire l'uso della guerra elettronica e ha equipaggiato gli squadroni Search Bomber (SB), Low Altitude (LAB) e Radar Counter Measure (RCM) oltre al bombardamento ad alta quota.

Tra gli squadroni specializzati c'erano il 20th RS (RCM), il 36th BS (RCM), il 406th NLS, il 63rd BS (SB) SeaHawks, il 373rd BS (LAB) e l'868th BS (SB) Snoopers.

- Il 36th Bombardment Squadron era l'unico squadrone di guerra elettronica dell'Eighth Air Force che utilizzava B-24 appositamente equipaggiati per disturbare le comunicazioni VHF tedesche durante i grandi raid diurni dell'Eighth Air Force.

Inoltre, il 36th BS volò in missioni notturne con il Royal Air Force Bomber Command 100 Group presso la RAF Sculthorpe. Radar Counter Measures (RCM), e aveva il nome in codice CARPET, tuttavia, questo non deve essere confuso con i lanci di agenti e rifornimenti, nome in codice "Carpetbaggers".

- Un capitolo particolarmente intrigante nella storia del B-24 riguarda "Sunshine", un bombardiere del 449th Bomb Group.

Nel 1944, dopo aver avuto problemi al motore, "Sunshine" atterrò nell'Italia fascista, scambiandola per la neutrale Svizzera. L'equipaggio fu catturato e il bombardiere fu riadattato dall'unità speciale tedesca KG 200.

Sotto il controllo tedesco, il "Sunshine" fu utilizzato in operazioni segrete, tra cui la penetrazione di formazioni di bombardieri alleati.

Questo uso unico di un B-24 catturato evidenzia le diverse applicazioni dell'aereo: tuttavia, il "Sunshine" incontrò una fine tragica nell'aprile del 1945, abbattuto per errore dal fuoco antiaereo tedesco.

Tecnica

Il Liberator era un bombardiere pesante quadrimotore ad ala alta e impennaggio di coda a doppia deriva a disco.

- L'intera ala era utilizzata come serbatoio di carburante.

Al centro della fusoliera aveva una stiva per bombe dalla capacità di 3.630 kg (8.000 libbre): il vano di lancio era diviso in due parti, anteriore e posteriore, con una passerella centrale di appena 23 cm, che era parte della struttura portante della fusoliera.

La stiva bombe aveva dei portelli scorrevoli che aprendosi rientravano nella fusoliera limitando la resistenza aerodinamica e permettendo, quindi, una maggiore velocità durante il passaggio sopra l'obiettivo.

Il carico bellico poteva essere costituito da:

- 4 bombe da 907 kg
- o 8 bombe da 454 kg
- o 12 bombe da 227 kg
- o 20 bombe da 45,4 kg

I motori erano dei Pratt & Whitney R-1830 Twin Wasp a doppia stella di sette cilindri l'una con una potenza di 1.000 hp.

Il carrello di atterraggio era triciclo con ammortizzatori oleopneumatici e con ruote da 1,71 metri rientranti nelle ali e carrello anteriore a ruota singola rientrante nel muso con la ruota di 1,10 metri.

Il bordo d'uscita dell'ala era dotato di flap Fowler (ipersostentatori a scorrimento) su quasi il 55% della sua apertura, abbassandosi di un massimo di 40°.

Gli ipersostentatori a scorrimento sono un particolare tipo di ipersostentatori, i più efficaci che esistono, anche se risultano complicati e costosi.

- Durante la prima parte della loro estensione essi scorrono all'indietro, andando a determinare un considerevole aumento della superficie alare, e, quindi, della portanza, a fronte di un trascurabile aumento di resistenza, assetto particolarmente adatto per il decollo.
- Successivamente, oltre a scorrere all'indietro, essi deflettono, aumentando così la curvatura del profilo alare e, contemporaneamente, aprono una fessura che consente il passaggio di un notevole flusso aerodinamico dal ventre al dorso dell'ala.
- L'effetto combinato di aumento di superficie, aumento della curvatura del profilo e di energia allo strato limite può generare un aumento del coefficiente di portanza massimo anche del 100%.

L'ala era composta da 5 elementi:
- Una sezione centrale di 17 metri di campata, che attraversava la parte superiore della fusoliera, fino ai motori esterni.
- Due sezioni, dai motori esterni ai raccordi dell'estremità alare.
- Due sezioni, a questi stessi raccordi.

La struttura era del classico tipo a semiguscio, attorno a un cassone bi-trave (quadri-trave tra le gondole motore interna ed esterna): i bordi d'attacco erano dotati di antighiaccio pneumatico (termico sulle ultime versioni).
Il sistema di alimentazione del carburante era costituito da 12 serbatoi autosigillanti alloggiati nel box alare centrale, per una capacità complessiva di 8.025 litri che poteva essere aumentata a 13.679 litri aggiungendo i serbatoi montati nelle semiali esterne e nel vano bombe.

Il circuito idraulico azionava i cilindri idraulici degli ipersostentatori, il carrello di atterraggio, i freni e le botole per la chiusura del vano bombe.

Il B-24L "Stevonovitch II" (serie 44-49710) del 779th Bombardment Squadron, abbattuto dalla contraerea durante un attacco alle truppe di terra vicino a Lugo , Emilia Romagna, Italia, il 10 aprile 1945. Il colonnello James Gibson, ufficiale del comando del 779th Bomb Squadron e altri nove soldati vennero uccisi, mentre il mitragliere laterale riuscì a lanciarsi e a salvarsi.

Come il B-17, il B-24 aveva una serie di mitragliatrici Browning M2 calibro 12,7 mm nella coda, nella pancia, nella parte superiore, nei lati e nel muso per difenderlo dagli attacchi dei caccia nemici.

- Tuttavia, a differenza del B-17, la torretta sferica poteva essere ritratta nella fusoliera quando non era in uso, una necessità data dalla bassa altezza da terra della fusoliera.

La torretta sferica apparve per la prima volta sui B-24D all'inizio del 1943, ma non prima che i primi D avessero utilizzato la torretta ventrale telecomandata Bendix, usata anche (senza successo) sui primi esemplari di B-17E e su alcuni dei primi bombardieri B-25 Mitchell.

L'uso generale delle torrette sferiche da parte degli Stati Uniti sarebbe durato fino alla fine di luglio 1944, quando i guadagni in termini di prestazioni superarono la necessità di una difesa del ventre a 360 gradi.

L'equipaggio del B24 Liberator faceva affidamento sulle maschere di ossigeno una volta raggiunta una certa altitudine.

Questo ossigeno era fornito da un sistema ad alta pressione costituito da due batterie di bombole:

- Un gruppo di 15 bombole era situato sotto il pavimento della cabina di pilotaggio, controllato da un regolatore che si trovava sul pavimento del pilota.
- Il secondo gruppo di nove bombole era situato dietro la posizione della torretta medio-alta, controllato da un regolatore che si trovava di fronte alla finestra destra del cannone.

Questo sistema era in atto per l'eventualità che una batteria di bombole si fosse scaricata prima dell'altra, consentendo alla batteria rimanente, e al suo regolatore, di servire l'aereo e il suo equipaggio.

Bombole di ossigeno.

Il pilota e il copilota sedevano uno accanto all'altro in una cabina di pilotaggio vetrata, che faceva parte di un ponte di volo a gradini montato in alto.

I piloti avevano una visuale sulla parte anteriore, laterale e superiore dell'aereo, con il pilota seduto nel sedile di sinistra e il copilota in quello di destra.

- Un navigatore e un bombardiere erano posizionati anche sul ponte inferiore nel muso dell'aereo, che era anch'esso vetrato e offriva al mitragliere di prua una visuale spettacolare nel punto più pericoloso dell'aereo.

L'operatore radio era posizionato dietro i piloti, rivolto lateralmente.

Il piano di coda presentava due grandi stabilizzatori verticali ovali montati alle estremità di uno stabilizzatore orizzontale rettangolare.

Già nel 1942, si riconobbe che la manovrabilità e la stabilità del Liberator potevano essere migliorate dall'uso di una singola pinna verticale.

La singola pinna fu testata dalla Ford sul singolo B-24ST e su un XB-24K sperimentale, e si scoprì che migliorava la manovrabilità. Tutti i Liberator furono, tuttavia, prodotti con doppie pinne ovali, ad eccezione di otto aerei B-24N di pre-produzione.

Il B-24N era inteso come una variante di produzione principale dotata di una singola coda: oltre 5.000 ordini per questa versione furono effettuati nel 1945, ma furono annullati a causa della fine della guerra.

- La singola pinna apparve in produzione sul derivato PB4Y Privateer.

In alcuni B24 Liberator una torretta superiore era montata dietro la cabina di pilotaggio e azionata da un mitragliere posizionato dietro i piloti.

Il B24 Liberator era armato con una serie di mitragliatrici Browning M2 da 12,7 mm, per lo più montate su torrette e posizionate nella parte anteriore, centrale e dorsale.

La Browning M2 era una mitragliatrice pesante progettata verso la fine della prima guerra mondiale, che utilizzava cartucce da 12,7 mm.

La mitragliatrice, raffreddata ad aria e alimentata a nastro, aveva un ciclo di sparo a otturatore chiuso ed era utilizzata in varie posizioni, sia in montaggi fissi che flessibili, negli aerei militari americani dagli anni '30 in poi.

- Sul B24 Liberator la Browning M2 poteva essere trovata fissata in torrette nella parte anteriore e dorsale e montata in modo flessibile nelle posizioni della mitragliatrice centrale.

L'accesso per l'equipaggio era nella parte posteriore dell'aereo, per arrivare alla cabina di pilotaggio il passaggio interno era molto stretto per persone con indosso il paracadute: questo comprometteva la possibilità di salvarsi nel caso fosse stato necessario lanciarsi dall'aereo in volo poiché era anche l'unica via di fuga.

- Per questo motivo il Liberator venne a volte soprannominato "The Flying Coffin" (la bara volante).

Nonostante questo, a fine guerra le statistiche dimostrarono che, in proporzione alle missioni eseguite, c'erano state maggiori perdite tra gli equipaggi dei B-17 che dei B-24.

Una misura dell'attività bellica svolta dai B-24 è data dalle statistiche relative al suo impiego sul Pacifico: in tre anni, i bombardieri della Consolidated sganciarono 635.000 tonnellate di bombe, mentre i suoi equipaggi dichiararono l'abbattimento di 4.189 aerei giapponesi.

Motore Pratt & Whitney R-1830 Twin Wasp

Il Pratt & Whitney R-1830 Twin Wasp era un motore aeronautico radiale 14 cilindri a doppia stella raffreddato ad aria, prodotto dalla statunitense Pratt & Whitney nel periodo che va dalla metà degli anni trenta sino alla fine degli anni quaranta.

- Il Twin Wasp risulta essere il motore aeronautico radiale utilizzato in maggior numero tra quelli prodotti negli Stati Uniti d'America nel periodo a cavallo della seconda guerra mondiale.

Con l'arrivo dell'ingegnere progettista Frederick Brant Rentschler, nel 1925 la Pratt & Whitney gettò le basi per la realizzazione di un'unità che soddisfacesse le specifiche della richiesta della U.S. Navy per un nuovo motore radiale raffreddato ad aria.

Questo portò alla progettazione del R-1830 Twin Wasp, unità che si aggiudicò quell'appalto, divenendo il motore standard degli aerei della U.S. Navy, e che dall'inizio degli anni trenta equipaggiò un gran numero di caccia, bombardieri e aerei da trasporto, sia di progettazione statunitense che estera.

Grazie anche all'esigenza di soddisfare, nelle sue varie versioni, le esigenze belliche durante la seconda guerra mondiale, negli anni di produzione che vanno dal 1932 al 1951 fu costruito in ben 173.618 unità, risultando il motore aeronautico più prodotto in tutta la storia dell'aviazione.

Versioni

- R-1830-1 - 800 CV (597 kW)
- R-1830-9 - 850 CV (634 kW), 950 CV (708 kW)
- R-1830-11 - 800 CV (597 kW)

- R-1830-13 - 600 CV (447 kW), 900 CV (671 kW), 950 CV (708 kW), 1.050 CV (783 kW)
- R-1830-17 - 1.200 CV (895 kW)
- R-1830-21 - 1.200 CV (895 kW)
- R-1830-25 - 1.100 CV (820 kW)
- R-1830-33 - 1.200 CV (895 kW)
- R-1830-35 - 1.200 hp (895 kW) equipaggiato con un compressore volumetrico GE B-2
- R-1830-41 - 1.200 hp (895 kW) equipaggiato con un compressore volumetrico GE B-2
- R-1830-43 - 1.200 CV (895 kW)
- R-1830-45 - 1.050 CV (783 kW)
- R-1830-49 - 1.200 CV (895 kW)
- R-1830-49 - 1.200 CV (895 kW)
- R-1830-64 - 850 CV (634 kW), 900 CV (671 kW)
- R-1830-65 - 1.200 CV (895 kW)
- R-1830-66 - 1.000 CV (746 kW), 1.050 CV (783 kW), 1.200 CV (895 kW)
- R-1830-72 - 1.050 CV (783 kW)
- R-1830-82 - 1.200 CV (895 kW)
- R-1830-86 - 1.200 CV (895 kW)
- R-1830-88 - 1.200 CV (895 kW)
- R-1830-90 - 1.200 CV (895 kW)
- R-1830-90-B - 1.200 CV (895 kW)
- R-1830-92 - 1.200 CV (895 kW)
- R-1830-94 - 1.350 CV (1.007 kW)
- R-1830-S1C3-G - 1.050 CV (783 kW), 1.200 CV (895 kW)
- R-1830-S3C4 - 1.200 CV (895 kW)
- R-1830-S3C4-G - 1.200 CV (895 kW)
- R-1830-S6C3-G - 1.100 CV (820 kW)
- R-1830-SC-G - 900 CV (671 kW)

- R-1830-SC2-G - 900 CV (671 kW), 1.050 CV (783 kW)
- R-1830-SC3-G - 1.065 CV (749 kW)

Un Pratt & Whitney R-1830 Twin Wasp sezionato, esposto al Transportation Museum di Tokyo.

Caratteristiche tecniche

- Tipo: motore radiale doppia stella
- Numero di cilindri : 14
- Alimentazione: carburatore a depressione Stromberg
- Cilindrata : 30 L (1.829,4 pollici cubi)
- Alesaggio: 140 mm (5,5 pollici)
- Corsa: 140 mm (5,5 pollici)
- Distribuzione: OHV 2 valvole per cilindro
- Raffreddamento: ad aria
- Compressore: centrifugo a singolo stadio.
  Un compressore centrifugo è un tipo di compressore che fa uso della forza centrifuga per spingere aria aggiuntiva nel motore. L'aumento del flusso d'aria consente al motore di bruciare più carburante, il che si traduce in una maggiore potenza del motore stesso.

  I compressori centrifughi sono, generalmente, collegati alla parte anteriore del motore tramite una trasmissione a cinghia o una trasmissione a ingranaggi dall'albero motore del motore.

  Poiché la pressione dell'aria diminuisce ad altitudini elevate, la compressione dell'aria è necessaria per mantenere il motore dell'aereo in funzione alla massima efficienza. Il compressore centrifugo trae la sua potenza dal movimento della trasmissione a cui è fissato.

  A questo punto, il compressore alimenta una girante o una piccola ruota rotante: la girante aspira l'aria in un piccolo alloggiamento del compressore (voluta) e la forza centrifuga invia l'aria nel diffusore. Il risultato è un'aria altamente pressurizzata, ma che viaggia a bassa velocità.

  L'aria ad alta pressione e a bassa velocità viene, quindi, immessa nel motore, dove la pressione aggiuntiva conferisce al motore la capacità di bruciare più carburante e avere un livello di combustione più elevato. Ciò si traduce in un veicolo più veloce e reattivo grazie alla maggiore efficienza volumetrica del motore.

- Potenza:
  - ✓ 1.200 hp (895 kW) a 1.500 metri (4.900 piedi) a 2.700 giri/min
  - ✓ 1.050 hp (783 kW) a 2.250 metri (7.500 piedi) a 2.550 giri/min
- Potenza specifica: 0,66 hp/in³ (29,8 kW/L)
- Rap. di compressione   6,7:1
- Peso a vuoto: 528-667 kg (1.162-1.467 libbre)
- Consumo specifico: 0,61 kg/kWh (1,0 lb/(hp·h)
- Benzina: 95-100 ottani
- Rapporto peso / potenza: 0,96 hp / lb (1,58 kW / kg)

Versioni

Il Liberator, realizzato in numerose versioni e varianti derivate, venne utilizzato dalle forze aeree di diverse nazioni.

- **XB-24 (Consolidated Model 32)**

Si tratta del prototipo, progettato nel 1938 e ordinato nel marzo del 1939. Il 29 dicembre dello stesso anno, l'aereo, con matricola militare 39-556, effettuò il primo volo.

L'aereo aveva motori radiali Pratt & Whitney R-1830-33 da 1.000 hp, l'ala Davis ad alto allungamento, deriva sdoppiata a disco e carrello triciclo.

Il peso massimo al decollo era di 17.370 kg.

Fu impiegato in voli di collaudo dalla Consolidated e dall'USAAC fino al 9 giugno 1940, e accettato dall'USAAC il 13 agosto dello stesso anno.

Poteva trasportare un carico di 3.600 kg (8.000 libbre) di bombe all'interno della sua capace fusoliera e aveva un armamento di sei mitragliatrici Browning da 7,62 mm.

- **YB-24 (LB-30A)**

Versione di preserie per collaudi ordinata il 27 aprile 1939, prima che il progetto dell'XB-24 fosse completo.

Piuttosto simile all'XB-24, presentava, tuttavia, alcune differenze, come l'eliminazione degli slat sui bordi d'attacco alari e l'introduzione di sistemi antighiaccio costituiti da guaine gonfiabili in gomma.

Vennero costruiti sette aerei di questa versione, di cui sei ceduti poi alla Royal Air Force che li denominò LB-30A.

- **B-24**

Settimo YB-24 (matricola militare 40-702), fu l'unico esemplare consegnato all'USAAC nel maggio del 1941 e utilizzato per collaudi.

- **B-24A (LB-30B)**

Si tratta della prima versione di serie da bombardamento, ordinata prima ancora del primo volo dell'XB-24, a causa dell'urgente necessità di disporre di bombardieri pesanti.
In generale, presentava alcuni miglioramenti aerodinamici che permettevano migliori prestazioni, motori R1830-33C4-6, una velocità massima di 450 km/h e una quota di tangenza di 8.230 metri.

- L'armamento era costituito da sei mitragliatrici M2 da 12,7 mm, una nel muso, una nella postazione ventrale, una in ogni postazione laterale e due in coda.

Il Liberator era il primo aereo americano con armamento difensivo in coda: vennero costruiti 28 aerei di questa versione, di cui 20 ceduti alla RAF che li denominò LB-30B.

- **XB-24B**

Versione realizzata in seguito all'incapacità dell'XB-24 di raggiungere la velocità massima richiesta.

- Per tale ragione, vennero montati motori turbocompressi Pratt & Whitney R-1830-41 da 1.200 hp, riconoscibili dalle gondole ellittiche.

Il peso massimo al decollo era di 18.594 kg.
Inoltre, venne sostituita l'ala, interamente usata come serbatoio, con una con serbatoi autosigillanti e introdotto un nuovo piano di coda più largo di 60 centimetri.

Il primo volo, dopo, le modifiche avvenne il 1° febbraio 1941.

I nuovi motori consentivano una velocità massima superiore di 59 km/h, con un generale miglioramento delle prestazioni in alta quota.

In seguito, i motori vennero sostituiti con i più affidabili Pratt & Whitney R-1830-43 da 1.200 hp: l'aereo venne poi rinominato XB-24B e risiglato 39-680.

- **B-24C**

Nuova versione da bombardamento, simile al B-24A ma con i nuovi motori Pratt & Whitney R-1830-41 da 1.200 hp.

L'armamento difensivo era costituito da una torretta motorizzata Martin modello 250CE-3 montata sopra la fusoliera, dietro la cabina di pilotaggio, con due mitragliatrici: il design del supporto della torretta prevedeva un interruttore automatico che impediva alla mitragliatrice di sparare quando l'unità di coda dell'aereo si trovava nel settore di fuoco della torretta.

- La sezione di coda era dotata di una torretta meccanizzata Emerson A-6 sviluppata dalla Consolidated con due mitragliatrici Browning M2 da 12,7 mm e una riserva di munizioni complessiva di 825 colpi.

A prua era montata una mitragliatrice calibro 12,7 mm, mentre un'altra mitragliatrice, sempre calibro 12,7 mm, era montata in modo mobile sotto la fusoliera, verso la coda.

Infine, in ogni postazione laterale era installata una mitragliatrice calibro 12,7 mm, per un armamento complessivo di otto mitragliatrici.

Contemporaneamente, i radiatori per il raffreddamento dell'olio erano stati spostati sui lati della carlinga-motore dalla precedente posizione frontale-inferiore, dando all'abitacolo-motore del Liberator quella caratteristica forma ellittica che si notava guardandolo di fronte.

Nove B-24A vennero convertiti in B-24C, l'ultimo venne consegnato nel febbraio del 1942.

Il B-24C venne rapidamente sostituito dal B-24D, che divenne la prima versione del Liberator completamente pronta al combattimento.

- **B-24D**

Prima versione da bombardamento prodotta in grande serie dal gennaio del 1942.

Simile al B-24C, disponeva di motori sovralimentati Pratt & Whitney R-1830-43 da 1.200 hp con eliche Hamilton-Standard da 3,53 metri, velocità massima di 488 km/h (303 mph) a una quota di 7.620 metri (25.000 piedi), contro i 470 km/h (292 mph) a 4.570 metri (15.000 piedi) del modello B-24A.

- L'armamento era ora composto di 10 mitragliatrici da 12,7 mm, mentre il carico offensivo, da 1.814 kg (4.000 libbre), era stato portato a 3.990 kg (8.800 libbre).

Pure l'autonomia di volo era stata aumentata di 1.046 km (650 miglia) e portata a 4.587 km (2.850 miglia).

- A partire dal 77° esemplare (matricola militare 41-11587) la postazione ventrale venne sostituita da una torretta Bendix con due mitragliatrici M2 comandata a distanza da un mitragliere che vedeva attraverso un periscopio.

Tuttavia, questo provocava spesso problemi di disorientamento, per cui dopo 287 aerei prodotti si tornò alla postazione ventrale che, dall'esemplare 42-41164, venne sostituita da una torretta sferica Sperry con due mitragliatrici M2, simile a quella dorsale, retrattile in fusoliera, per ridurre la resistenza aerodinamica e il rischio d'urto con il terreno in fase di atterraggio.

La torretta poteva ruotare di 360° e le mitragliatrici potevano essere sollevate da 0 a 90 gradi.

- I B-24D prodotti dalla Consolidated di Fort Worth erano tutti senza torretta ventrale.

Gli ultimi B-24D prodotti avevano una mitragliatrice su ogni lato del muso, con 350 colpi, oltre a quella al centro.

Vennero costruiti complessivamente 2.738 B-24D, di cui:

- 2.425 dalla Consolidated di San Diego.
- 303 dalla Consolidated di Fort Worth.
- 10 dalla Douglas di Tulsa.

Per proteggersi dagli attacchi frontali, la mitragliatrice anteriore singola era affiancata da due mitragliatrici montate su supporti sferici su entrambi i lati del cono anteriore, e, per migliorare la visuale dei mitraglieri anteriori, nel muso venne ricavata una finestra aggiuntiva. Il bombardiere poteva sparare dalle mitragliatrici laterali: con tre mitragliatrici, non c'era praticamente più spazio libero nel muso. L'armamento totale fu, quindi, aumentato a dieci mitragliatrici:

- tre nel muso
- due nella torretta dorsale
- due nella torretta di coda
- una nel tunnel ventrale
- una ciascuno nei laterali sinistro e destro.

Dopo qualche tempo, nella parte superiore del muso venne aggiunto un ulteriore alloggiamento per una mitragliatrice.

In seguito, una modifica simile, ma migliorata, con spostamento della postazione del bombardiere, venne eseguita su altri B-24D al centro di manutenzione di Oklahoma City.

- I piloti da caccia tedeschi e giapponesi scoprirono rapidamente che il Liberator era altamente vulnerabile agli attacchi frontali: l'aggiunta di due mitragliatrici da 12,7 mm sui lati dei successivi B-24D non riusciva a contrastare questi attacchi.

Nel tentativo di correggere questo problema, furono testate modifiche come l'installazione di due mitragliatrici da 12,7 mm che sparavano attraverso le fessure nel vetro anteriore, o l'aggiunta di mitragliatrici sotto il pavimento della cabina del bombardiere, ma non furono accettate a causa del loro effetto estremamente scarso.

Le modifiche al design durante la produzione "D" prevedevano anche serbatoi di carburante ausiliari nei pannelli alari esterni e disposizioni per serbatoi di carburante aggiuntivi per il vano bombe.

Una piccola cupola di osservazione del navigatore era anche posizionata sulla parte superiore della sezione anteriore della fusoliera.

- **B-24E**

Versione da bombardamento simile al B-24D prodotta dalla Ford a Willow Run.

A differenza del B-24D, aveva la postazione ventrale con una mitragliatrice delle versioni precedenti e motori Pratt & Whitney R-1830-65, mantenendo sempre le tre mitragliatrici M2 nel muso.

L'USAAF impiegò i B-24E prevalentemente in missioni di addestramento, poiché era tecnicamente meno moderno dei B-24D. Vennero costruiti 801 aerei di questa versione di cui, 490 a Willow Run, 167 a Tulsa e 144 a Fort Worth.

- **XB-24F**

Denominazione riferita alla conversione effettuata su un singolo B-24D, per collaudare un nuovo sistema antighiaccio con riscaldatori al posto delle guaine gonfiabili in gomma.

* **B-24G**

Versione da bombardamento simile al B-24D prodotta dalla North American a Dallas dal marzo del 1943.
Inizialmente alimentato da motori R-1830-43, a metà produzione vennero installati gli R-1830-65.
I primi 25 esemplari furono del tutto identici al B-24 D, ma i 430 che furono costruiti in un secondo tempo si presentarono con la sezione anteriore della fusoliera ridisegnata, con una torretta di prua azionata elettricamente, alloggiante due mitragliatrici binate da 12,7 mm.
Questa modifica si dimostrò utilissima nelle azioni sull'Europa, dove i caccia tedeschi attaccavano frontalmente.
Successivamente, venne introdotta anche la torretta a sfera Sperry.

* **B-24G-1**

Versione da bombardamento prodotta dalla North American a Dallas simile al B-24H, si distingueva dal B-24G per una torretta frontale Emerson A-6 al posto delle mitragliatrici brandeggiabili nel muso.
Vennero costruiti 405 aerei di questa versione, il primo venne consegnato il 3 novembre 1943.
Nessun B-24G-1 venne assegnato all'8th Air Force, in quanto la maggior parte di essi vennero impiegati nel Mar Mediterraneo.

- **B-24H**

A causa della vulnerabilità agli attacchi frontali dimostrata in combattimento, la Ford progettò una nuova versione del Liberator dotata di una torretta frontale con due mitragliatrici Browning M2 da 12,7 mm, generalmente una versione modificata della torretta caudale Emerson A-15.

Per installare la nuova torretta furono necessarie molte modifiche alla struttura della fusoliera anteriore, incluse la riprogettazione della postazione del bombardiere e dei portelli del carrello anteriore.

Venne, inoltre, modificata la torretta caudale A-6B con finestrini più grandi per migliorare la visibilità, venne sostituita la torretta dorsale A-3C con una A-3D di altezza aumentata e spostate le postazioni dei mitraglieri laterali di fusoliera per evitare interferenze in combattimento.

- A marzo del 1944, la Ford produceva un B-24H ogni 100 minuti, sette giorni su sette.

La fornitura di velivoli iniziò a superare la capacità di utilizzo dell'USAAF, il che stava diventando fonte di imbarazzo per l'USAAF. A metà del 1944, gli stabilimenti di San Diego e Willow Run erano in grado di consegnare più che sufficienti B-24 e le linee Douglas a Tulsa e North American a Dallas furono interrotte.

Vennero costruiti 3.100 aerei di questa versione, il primo venne consegnato nell'agosto del 1943.

* **B-24J**

Il B-24J divenne la versione del Liberator più prodotta.

Esternamente, il B-24J differiva molto poco dal B-24G e dal B-24H, dai quali si distingueva solo per il numero di serie: tuttavia, c'erano delle differenze nella progettazione del supporto della torretta e delle porte del vano del carrello d'atterraggio anteriore, che erano chiaramente visibili da distanza ravvicinata.

Versione da bombardamento molto simile al B-24H ma con una torretta caudale A-6 posta nel muso, a causa della carenza di torrette Emerson A-15.

* Il B-24J aveva un nuovo autopilota C-1 e un sistema di puntamento per lo sgancio delle bombe M-1.

Era, inoltre, dotato di controllo elettronico del turbocompressore, in sostituzione del sistema manuale utilizzato sui precedenti modelli Liberator. Il B-24J differiva dalla versione H anche perché aveva le porte del carrello d'atterraggio anteriore che si aprivano verso l'interno.

* I B-24H costruiti o aggiornati con autopilota C-1 e un sistema di puntamento M-1 vennero, quindi, denominati B-24J.

Vennero costruiti 6.678 aerei di questa versione, il primo venne consegnato nell'agosto del 1943.

Un altro problema che rendeva il B-24J impopolare tra gli equipaggi era il suo peso eccessivo.

Quando il B-24J entrò in produzione di massa, il peso a secco del Liberator era aumentato di 3.630 kg (8.000 libbre) e, durante le missioni di combattimento, l'aereo pesava in genere tra i 23.000 e i 32.000 kg (50.000 e le 70.000 libbre), mentre la potenza del motore era rimasta la stessa.

- La riserva di potenza durante il decollo era, così, talmente ridotta, che gli aerei a pieno carico decollavano con grande difficoltà e frequenti incidenti.

Rispetto al B-24D, la velocità di salita e la velocità massima erano inferiori, l'autonomia era ridotta e il consumo di carburante era aumentato: l'aumento di peso rese, quindi, l'aereo meno stabile e più difficile da pilotare, soprattutto ad altitudini elevate.

- Rispetto alla versione "D", lo sforzo sui comandi era molto maggiore e la risposta dell'aereo era più lenta.

Ciò rese il Liberator più pericoloso da pilotare nella formazione richiesta per difendersi efficacemente dai caccia, e le collisioni in volo, dovute alla perdita istantanea del controllo da parte del pilota, divennero un pericolo reale.

Infine, l'aumento di peso ridusse anche le possibilità che un Liberator danneggiato tornasse alla base, soprattutto se un'ala era stata danneggiata: un aereo danneggiato in questo modo spesso cadeva rapidamente a causa della perdita irreversibile del controllo.

- Inoltte, la manovrabilità era particolarmente lenta quando veniva dispiegata la torretta sferica ventrale.

Nel tentativo di ridurre il peso e migliorare le prestazioni, il comando USAAF nel Pacifico sud-occidentale ordinò la sostituzione della torretta sferica con una coppia di mitragliatrici da 0,50 pollici (12,7 mm) azionate manualmente, che sparavano attraverso un portello nel pavimento.

A partire dal settembre 1943, alla maggior parte dei B-24J destinati al Pacifico vennero rimosse le torrette sferiche presso centri di modifica negli Stati Uniti.

In Europa, la torretta sferica fu rimossa nella primavera del 1944, dopo che l'introduzione dei caccia di scorta a lungo raggio rese meno probabile un attacco da parte dei caccia della Luftwaffe.

Dopo la guerra, quasi tutti i B-24J furono dismessi, e oggi ne sopravvivono solo cinque:

- B-24J-85-CF (n. 44-44052) presso la Bob Collings Foundation. Questo è uno dei pochi Liberator in grado di volare.
- B-24J-95-CF (44-44272), anch'esso ancora in grado di volare, presso la base aerea di Yesterday a Liberal, Kansas.
- B-24J-20-FO (n. 44-48781) esposto all'Eighth Air Force Museum presso la base aerea di Barksdale, Louisiana. Porta il nome "Laiden Maiden" e le insegne del 486° BG.
- B-24J-90-CF (n. 44-44175) ex-Indian Air Force (HE877) esposto al Pima County Air Museum di Tucson, Arizona.
- B-24J-90-CF (n. 44-44213) presso l'Indian Air Force Museum di Palam, in India.

Nel settembre 1944, il B-24J fu sostituito dal B-24L negli stabilimenti Ford e Convair di San Diego.

Verso la metà del 1944, l'USAAF giunse alla conclusione che gli stabilimenti Convair di San Diego e Ford di Willow Run potevano soddisfare tutte le future richieste del Liberator e l'assemblaggio negli stabilimenti Douglas, North American e Convair di Fort Worth cessò.

L'ultimo B-24J fu prodotto a Douglas nel luglio 1944.

La produzione del B-24J presso la North American e la Consolidated di Fort Worth continuò rispettivamente fino a novembre e dicembre 1944, principalmente a causa dell'adempimento dei contratti Lend-Lease precedentemente conclusi per la fornitura di aerei alla Gran Bretagna.

- **XB-24K**

Denominazione utilizzata per la conversione effettuata dalla Ford su un B-24D, per collaudare una nuova deriva simile a quella del B-23 Dragon.

L'aereo era più stabile e facile da pilotare delle versioni precedenti a doppia deriva, ma adottare la modifica per la produzione di serie avrebbe richiesto tempi e costi eccessivi.

- Dall'XB-24K derivò il progetto del PB4Y-2 per l'US Navy.

Il PB4Y-2 era notevolmente diverso dai suoi predecessori: la lunghezza complessiva fu aumentata e furono installati un timone e una coda a pinna singola più grandi.

Anche l'apertura alare fu aumentata e fu aggiunta un'ulteriore torretta dorsale dietro l'ala.

I motori R-1830-94 furono utilizzati in gondole ovali ma con dimensioni maggiori e in orientamento verticale anziché orizzontale. I compressori furono rimossi a causa dell'uso a bassa quota del PB4Y-2.

- **B-24L**

Il B-24L fu il primo modello prodotto nell'ambito del nuovo programma di coproduzione Liberator.

Il modello rappresentava un tentativo di ridurre il peso al decollo dell'aereo, in continuo aumento a causa dell'installazione di nuovi equipaggiamenti, armi e corazze a parità di potenza del motore.

Il B-24L non aveva la torretta sferica ventrale che aveva suscitato molte critiche sul B-24J, mentre al suo posto vennero installate due mitragliatrici da 12,7 mm con controllo manuale su un supporto ad anello, che sparavano attraverso un portello nel pavimento dietro il vano bombe.

Il B-24L adottò anche la nuova torretta di coda Convair M-6 "Stinger", originariamente sviluppata presso il centro di modifica della Consolidated Vultee a Tucson, in Arizona.

La torretta M-6 era azionata manualmente e pesava 90 kg (200 libbre) in meno della torretta Consolidated A-6B, ed era caratterizzata da una grande superficie di vetro convesso senza cornice, con un campo di fuoco più ampio.

Attualmente si conoscono due B-24L sopravvissuti:

- Il B-24L dell'aeronautica militare indiana (USAAF n. 44-51054, numero di serie IAF, Indian Air Force, HE773), esposto presso la National Aeronautical Collection di Trenton, Ontario, Canada.
- Il RAF B-24L (KN751) in mostra presso la RAF Cosford vicino a Wolverhampton nel Regno Unito.

Vennero costruiti 1.667 aerei di questa versione, 417 dalla Consolidated a San Diego e 1.250 dalla Ford a Willow Run.

Un gran numero di B-24L furono forniti alla Gran Bretagna nell'ambito dell'accordo Lend-Lease con la denominazione Liberator VI e VIII: inoltre, molti B-24L furono trasformati in aerei cisterna volanti, con la denominazione C-109 Tanker, per fornire benzina per aviazione ai B-29 nelle basi in Cina.

- **B-24M**

Il B-24M fu l'ultima variante di produzione del Liberator a essere realizzata in grandi numeri.

Versione da bombardamento ulteriormente alleggerita con la torretta caudale A-6B di una nuova versione, più leggera, e postazioni laterali aperte senza portelloni.
Vennero costruiti 2.593 aerei di questa versione dal dicembre del 1944 al giugno del 1945:

- 916 dalla Consolidated a San Diego.
- 1.677 dalla Ford a Willow Run.

Aveva un nuovo parabrezza per migliorare la visibilità e una finestra su ogni lato del muso per dare ancora più visibilità al navigatore: questa fu l'ultima versione di serie del Liberator, gli ultimi prodotti volarono direttamente dalla fabbrica ai centri di demolizione.

- **XB-24N**

Prototipo di una nuova versione da bombardamento derivata dal B-24J con deriva singola e nuove torrette frontale e caudale. Vennero ordinati 5.168 B-24N ma l'ordine venne cancellato il 31 maggio 1945 perché non erano più necessari per la fine della guerra.
Venne prodotto un solo esemplare XB-24N.

- **YB-24N**

Sette aerei di preserie per la prevista versione B-24N.

- **XB-24P**

Un B-24D convertito dalla Sperry Gyroscope Company in prototipo per collaudare una nuovo sistema di controllo del tiro.

- **XB-24Q**

Un B-24L convertito dalla General Electric in prototipo per collaudare una nuova torretta caudale a controllo radar.

- **XB-41**

Versione bombardiere di scorta progettato per scortare i bombardieri in mancanza di caccia con autonomia adeguata.
Il prototipo XB-41, convertito da un B-24D, venne completato nel 1942: l'XB-41 aveva quattordici mitragliatrici M2 da 12,7 mm, con l'aggiunta di una torretta frontale Bendix e una seconda torretta dorsale Martin circa a metà della fusoliera.
I collaudi iniziati nel 1942 e conclusi l'anno successivo diedero risultati nettamente negativi.
L'XB-41 a causa del peso era, infatti, più lento dei Liberator scarichi per cui non sarebbe stato in grado di scortarli nel viaggio di ritorno se non rallentando la formazione, rendendola più vulnerabile.
Come conseguenza il progetto venne cancellato.

- **TB-24 (AT-22)**

Versione da addestramento del C-87 usata per l'addestramento dei flight engineer.

- **RB-24L**

Versione da addestramento derivata dal B-24L sviluppata per l'addestramento dei mitraglieri dei Boeing B-29 Superfortress con un sistema di controllo a distanza delle torrette identico.

- **TB-24L**

Simile all'RB-24L ma fornito di radar.

- **C-87 Liberator Express**

Versione da trasporto per venti passeggeri.

- **C-87A**

Versione da trasporto VIP con motori Pratt & Whitney R-1830-45 e posti per sedici passeggeri.

- **C-87B**

Versione da trasporto armata con torrette dorsale e ventrale e mitragliatrici nel muso, progettata ma non prodotta.

- **C-87C**

Denominazione data dall'USAAF all'RY-3.

- **XF-7**

Prototipo della versione da ricognizione fotografica F-7 ricavato dalla conversione del B-24D 41-11653 con undici apparecchiature fotografiche tra muso, stiva bombe e fusoliera posteriore.

- **F-7A**

Versione da ricognizione fotografica derivata dal B-24J di cui
manteneva anche l'intero armamento difensivo: aveva tre
apparecchiature fotografiche nel muso e tre nella stiva bombe.
Vennero costruiti 182 aerei di questa versione.

- **F-7B**

Versione da ricognizione fotografica derivata dal B-24J di cui
manteneva anche l'intero armamento difensivo: aveva sei
apparecchiature fotografiche nella stiva bombe.
Vennero costruiti 32 aerei di questa versione.

- **PB4Y-1**

B-24D per l'US Navy con torretta frontale sferica ERCO.
Vennero costruiti 977 aerei di questa versione a San Diego. Altri
Liberator delle versioni B-24G, J, L ed M ricevuti in seguito
dall'US Navy vennero indicati con la stessa sigla.

- **PB4Y-1P**

Versione da ricognizione fotografica derivata dal PB4Y-1.

- **RY-1**

Denominazione dell'US Navy per il C-87A.

- **RY-2**

Denominazione dell'US Navy per il C-87.

- **RY-3**

Versione da trasporto derivata dal PB4Y-2 Privateer.

- **LB-30A**

YB-24A ceduti alla RAF, avevano motori Pratt & Whitney R-1830-33-C4-G da 1.200 hp, una velocità massima di 450 km/h e una quota massima operativa di 8.230 metri.
Erano armati con sei mitragliatrici da 7,69 mm, una nel muso, una nella postazione ventrale, una in ogni postazione laterale e due in coda.
La postazione in coda poteva essere chiusa da una coppia di portelli scorrevoli.

- **Liberator B Mk I**

Venti B-24A usati dal Coastal Command siglati AM910-929. Vennero consegnati nell'estate del 1941 a Montreal ed erano armati come gli LB-30A.
Alcuni vennero assegnati al 120th squadron del Coastal Command e modificati con radar ASV (Anti surface Vessel).

- **Liberator B Mk II**

Prima versione da bombardamento per la RAF con muso allungato di circa novanta centimetri, fusoliera posteriore più profonda, piano di coda più largo e nuove eliche Curtiss Electric. Era abbastanza simile al B-24C ma con armamento difensivo e altri equipaggiamenti di produzione britannica.
  - L'armamento difensivo era costituito da una torretta dorsale a circa metà fusoliera e una caudale Boulton-Paul con quattro mitragliatrici da 7,69 mm, una coppia nella

postazione ventrale e mitragliatrici singole nel muso e nelle postazioni laterali.

Il primo Liberator B Mk II (AL503) cadde durante il volo d'accettazione il 2 giugno 1941, nell'incidente morirono tutti gli uomini d'equipaggio compreso il collaudatore della Consolidated William Wheatley.

L'inchiesta durò due mesi e stabilì che la causa era stata un bullone troppo lento che aveva bloccato l'elevatore.

Le consegne iniziarono, quindi, solo nell'agosto del 1941, con due mesi di ritardo sul previsto.

- Vennero costruiti 165 aerei di questa versione.

Dopo l'attacco a Pearl Harbour l'USAAF ricevette 79 Liberator B Mk II originariamente destinati alla RAF con armamento difensivo modificato con una coppia di mitragliatrici brandeggiabili M2 in coda e una torretta dorsale A-3 con due mitragliatrici M2 più mitragliatrici singole nel muso e nelle postazioni laterali e ventrale.

Sei aerei andarono persi per incidenti nelle prime sei settimane, 23 vennero poi ceduti alla RAF e 46 rimasero all'USAAF.

Alcuni Liberator B Mk II vennero poi convertiti in aerei da trasporto disarmati e denominati LB-30 dall'USAAF.

- **Liberator B Mk III**

Versione da bombardamento per la RAF derivata dal B-24D con una mitragliatrice da 7,69 mm nel muso, due in ogni postazione laterale e quattro in una torretta caudale Boulton Paul, simile a quella del Lancaster e altri equipaggiamenti di produzione britannica.

- Aveva anche la torretta dorsale Martin con due mitragliatrici M2 da 12,7 mm.

Vennero costruiti 156 aerei di questa versione.
Alcuni vennero modificati dal Coastal Command per missioni antisommergibile con un faro Leigh da cinque milioni di candele sotto l'ala destra e armati con otto razzi non guidati montati su apposite strutture ai lati della fusoliera inferiore.

- **Liberator B Mk IIIA**

Denominazione RAF dei B-24D ricevuti dagli USA.
Undici aerei forniti nel 1942 direttamente al Coastal Command.

- **Liberator B Mk IV**

Denominazione prevista dalla RAF per dei B-24E, ma non risulta ne siano mai stati ricevuti dagli USA.

- **Liberator B Mk V**

Versione da bombardamento per la RAF derivata dal B-24D con serbatoi di carburante di maggiore capacità e minore blindatura per compensare l'aumento del peso: l'armamento difensivo era lo stesso del Liberator B Mk III.

- **Liberator B Mk VI**

Denominazione RAF dei B-24H ricevuti dagli USA.
Avevano torretta caudale Boulton Paul con quattro mitragliatrici da 7,69 mm.

- **Liberator B Mk VII**

Denominazione RAF dei B-24J ricevuti dagli USA.

- **Liberator GR Mk V**

B-24D modificati dal Coastal Command per missioni antisommergibile con radar di ricerca sotto al muso e un faro Leigh da cinque milioni di candele sotto l'ala destra: alcuni erano armati con otto razzi non guidati montati su apposite strutture ai lati della fusoliera inferiore.
Diciannove aerei forniti alla RCAF.

- **Liberator GR Mk VI**

B-24G, H e J usati dal Coastal Command per ricognizione a lungo raggio.

- **Liberator GR Mk VIII**

B-24J modificati dal Coastal Command per missioni antisommergibile.

- **Liberator C Mk VI**

Liberator B Mk VIII convertiti in aerei da trasporto.

- **Liberator C Mk VII**

Denominazione RAF dei C-87.

- **Liberator C Mk VIII**

Liberator G Mk VIII convertiti in aerei da trasporto.

- **Liberator C Mk IX**

Denominazione RAF dei RY-3/C-87C.

Caratteristiche tecniche

- Lunghezza: 20,60 metri
- Apertura alare: 33,50 metri
- Altezza: 5,50 metri
- Superficie alare: 97,40 m^2
- Peso a vuoto: 16.590 Kg
- Peso carico: 25.000 Kg
- Peso massimo al decollo: 29.500 Kg

- Motore: 4 radiali a doppia stella Pratt & Whitney R-1830-65 14 cilindri
- Potenza: 1.200 hp (895 kW) ciascuno

- Il turbocompressore era posizionato sulla superficie inferiore della gondola motore e il radiatore dell'olio e i condotti del compressore erano posizionati su entrambi i lati del motore.

Il lato destro del motore mostra i condotti del compressore, del generatore e del radiatore dell'olio.

Guardando in avanti, il lato destro della calotta conteneva i condotti del compressore, del generatore e del radiatore dell'olio, mentre il lato sinistro conteneva i condotti dell'intercooler.

I motori di forma ovale sarebbero diventati una delle caratteristiche distintive del Liberator.

- Velocità massima: 488 km/h a 7.620 metri
- Velocità di crociera: 346 km/h a 7.620 metri
- Velocità di stallo: 153 km/h
- Velocità di salita: 5,2 m/sec (274 metri/min)
- Autonomia: 5.900 km
- Tangenza: 8.500 metri

- Armamento:

    - Mitragliatrici: 10 Browning M2 calibro 12,7 mm:
        - due nel muso
        - due nella torretta dorsale
        - due nella gondola ventrale
        - due nella torretta di coda
        - una per ciascun lato della fusoliera

    - Bombe: da 1.200 kg (lungo raggio) a 3.600 kg (corto raggio):
        - 4 bombe da 907 kg
        - 8 bombe da 454 kg
        - 12 bombe da 227 kg
        - 20 bombe da 45,4 kg

- Equipaggio composto da 11 uomini:
    - pilota
    - co-pilota
    - navigatore
    - bombardiere
    - operatore radio

- ✓ mitragliere torretta nel muso
- ✓ mitragliere torretta superiore
- ✓ mitragliere torretta ventrale
- ✓ mitraglieri centrali (2)
- ✓ mitragliere di coda

Browning M2

La Browning M2 era una mitragliatrice pesante sviluppata poco dopo la fine della prima guerra mondiale da John Browning.

L'attuale denominazione è Browning Machine Gun, Cal. .50, M2, HB, Flexible.

Viene prodotta negli USA dalla General Dynamics e dalla U.S. Ordnance: la M2 è l'arma leggera rimasta in servizio per più tempo nello US Army, esclusa la Colt M1911.

Durante la prima guerra mondiale gli Stati Uniti non avevano molte mitragliatrici e la maggior parte di esse erano ormai obsolete: sia i francesi sia gli inglesi disponevano di mitragliatrici di calibro maggiore rispetto al .30-06 Springfield in uso presso lo US Army.

- L'introduzione da parte dei tedeschi di veicoli e di aerei maggiormente corazzati, come lo Junkers J.I portò al manifestarsi di un nuovo problema: le mitragliatrici erano divenute troppo poco potenti per arrecare qualche danno al nemico.

Gli alti comandanti dell'esercito si accorsero ben presto di questo problema: il problema divenne ancor più evidente dopo che fu abbattuto l'aereo su cui volava Quentin Roosevelt, figlio del presidente Theodore Roosevelt.

Di conseguenza, l'American Expeditionary Forces, comandata dal Generale John J. Pershing, richiese all'Army Ordnance Department di sviluppare una mitragliatrice di calibro 12,7 mm con una velocità iniziale di almeno 820 m/s (2.700 piedi al secondo).

Il colonnello John Henry Parker, a capo di una scuola per mitraglieri in Francia, osservò l'efficacia di un proiettile perforante e incendiario francese calibro 11 mm che, però, era troppo lento per le specifiche di Pershing.

Intorno al luglio 1917 John Browning iniziò a ridisegnare la sua mitragliatrice Browning M1919 da 0,30 pollici per il calibro 0,50 pollici: l'incarico di realizzare la cartuccia per la mitragliatrice fu affidato alla Winchester Repeating Arms Company che prese a modello la cartuccia da. 30-06 realizzandone un ingrandimento in scala.

L'M2 è derivato dal mitra raffreddato ad acqua M1921, a sua volta derivato dall'M1917 cal. 7,62 mm: le munizioni sono state originariamente sviluppate per applicazioni antiaeree, ma l'M2 è stato adottato anche per l'uso a terra nel 1921 dalle forze armate degli Stati Uniti come Modello 1921.

La prima mitragliatrice da 12,7 mm fu testata per la prima volta il 15 ottobre 1918: la velocità iniziale del proiettile era solo di 700 m/s, così fu bocciata: poco dopo, la Winchester si accorse di un proiettile perforante tedesco da 13,2 mm TuF che aveva più o meno le caratteristiche richieste nella specifiche e così ne produssero una copia. Alla prova del proiettile gli ingegneri si accorsero che la velocità iniziale del proiettile era 2.750 piedi al secondo, più veloce della specifica.

Gli sforzi di John M. Browning e Fred T. Moore condussero alla realizzazione della Browning M1921 calibro 12,7 mm, raffreddata ad acqua, seguita da una versione aeronautica.

Questi modelli vennero utilizzati in via sperimentale dal 1921 al 1937: il 1932 S.H. Green risolse i problemi di progettazione della M1921.

- Il risultato fu un'arma incredibilmente versatile che poteva essere convertita in sette modalità diverse e dal design unico.

Il design è molto simile a quello della precedente Browning M1919 che utilizzava la cartuccia .30-06: invece, la M2 utilizza la molto più grande e potente cartuccia 12,7 × 99 mm NATO.

La M2 è stata largamente utilizzata per gli armamenti dei veicoli terrestri (come il Growler Internally Transportable Vehicle dei Marines) e per gli aerei in forza all'esercito degli Stati Uniti (dove era denominata ANM2), soprattutto durante la seconda guerra mondiale.

- È ritenuta molto efficace contro la fanteria, veicoli con blindatura leggera e barche, fortificazioni leggere e aerei a bassa quota.

Progettata inizialmente come arma per aeroplani fu dapprima selezionata per la fanteria e adottata come Model 1921 dall'esercito statunitense e utilizzata come arma antiaerea e anticarro.

Nel 1932 al progetto originario furono apportate piccole modifiche, come la canna bucata per migliorarne il raffreddamento, che portarono alla ridefinizione dell'arma come M2 e in seguito M2HB (Heavy Barrel, canna pesante) con un ingegnoso meccanismo per il rapido cambio di canna nel caso di surriscaldamento chiamato QCB (Quick Change Barrel).

Della M2 è stata sviluppata anche una versione leggera di 27 kg: attualmente la FN ha sviluppato una versione migliorata denominata M3P.

I giapponesi utilizzarono durante la seconda guerra mondiale la Ho-103 Type 1, una copia della M2 camerata per la cartuccia giapponese da 12,7 mm.

- Si tratta di un'arma composta da 244 elementi, raffreddati ad aria, alimentati da una fascia di cartucce e sparanti a culatta chiusa sul principio del rinculo corto.

Il funzionamento di questo meccanismo è che la canna e la culatta rimangono solidali durante lo sparo ed entrambe arretrano: dopo una corsa ridotta, la culatta si sblocca e continua il suo movimento di rinculo mentre la canna non si muove più.

- Il bullone si apre, espelle la fondina, tira la cartuccia e carica una nuova cartuccia durante il suo movimento di ritorno.

La velocità teorica di fuoco varia tra 450 e 550 colpi al minuto. La versione aerea della seconda guerra mondiale presentava una velocità di fuoco da 600 a 1.200 colpi al minuto, mentre i gemelli M2 sono sincronizzati e presentano una velocità di soli 300 colpi in modo che possano resistere a raffiche più lunghe.

- Queste cadenze di fuoco sono ovviamente teoriche, sparare continuamente a questa velocità porterebbe alla distruzione della canna dopo poche migliaia di colpi

La portata pratica dell'M2 è di 1,8 chilometri se montata su un treppiede M3 (la portata massima è di 7,4 chilometri).
Nella configurazione destinata ad essere portata e servita dalla fanteria, l'M2 pesa 38 kg a cui si aggiungono poco più di 17 kg per una fascia di munizioni di 105 colpi e 20 kg del treppiede M3. Il peso totale in ordine di battaglia quando l'M2 è schierato dalla fanteria ammonta, quindi, a un minimo di 72,62 kg.
È stato a lungo dotato di un paio di impugnature nella parte posteriore dell'arma e di un grilletto a "farfalla" a forma di V che deve essere premuto con entrambi i pollici per innescare il colpo:

più recentemente è stato sviluppato un nuovo grilletto più convenzionale.

- L'arma può funzionare in modalità automatica o semiautomatica.

L'M2 è stato progettato per essere montato in una varietà di configurazioni: infatti, l'avanzamento della banda può essere effettuato da destra o da sinistra cambiando parti del meccanismo. Questa semplice operazione viene eseguita in meno di un minuto e non richiede strumenti.

Durante gli esercizi, sparare proiettili a salve richiede un adattatore specifico per mantenere una pressione sufficiente nella canna per attivare il meccanismo: questo è tenuto all'estremità della canna da tre aste attaccate alla sua base.

Caratteristiche tecniche

- Data di produzione: dal 1933 a oggi
- Costo unitario: 12.000 $
- Peso: 38,14 kg - 58 kg con treppiedi
- Lunghezza: 1,65 metri
- Lunghezza canna: 1,43 metri
- Calibro: 12,7 mm (.50 pollici)
- Tipo munizioni: .50 BMG/ 12,7 × 99 mm NATO
- Cadenza di tiro: 750 colpi/minuto (AN/M2 - M3)
- Velocità alla volata: 893 m/s
- Tiro utile: 800-1.200 metri
- Alimentazione: caricatore a nastro da 250 colpi

Quest'arma ha attraversato 80 anni di storia ed equipaggiato tutti gli eserciti del blocco antisovietico. Pur con gli aggiornamenti fino all'attuale versione, che tutt'ora equipaggia per primo lo US

Army, il progetto sostanzialmente è rimasto lo stesso ideato dal genio di J.M.Browning.

Il Consolidated B-24 "Liberator" 41-23801

Nel corso della seconda guerra mondiale, la città di Napoli subì numerose incursioni da parte dell'aviazione angloamericana che aveva come obiettivo la distruzione delle installazioni militari e delle industrie che producevano materiale d'importanza strategica, ma anche quello di fiaccare il morale della popolazione civile.

I morti provocati dai bombardamenti furono migliaia.

- Molte vite furono risparmiate grazie alla particolare conformazione del sottosuolo napoletano che permise a tanti di trovare nei rifugi antiaerei in esso allestiti un riparo sicuro dalle bombe.

Ben poco riuscì a fare la DICAT (la Difesa Contraerea Territoriale) che utilizzava spesso pezzi di artiglieria obsoleti ed era male organizzata.

Unico baluardo contro il dilagare dei bombardieri alleati furono i piloti del 22° Gruppo Caccia formato da quattro squadriglie che operavano dall'aeroporto di Capodichino e che avevano come aeroporto di appoggio anche quello di Montecorvino Rovella.

- Seppure spesso in condizioni di inferiorità di numero e di armamento, rispetto alle squadriglie di bombardieri statunitensi, composte di solito da decine di aerei, ognuno dei quali poteva contare sulla difesa offerta da almeno 8 mitragliere antiaeree, essi riuscirono in varie occasioni a contenere gli effetti di tali sortite.

Questa è la storia di un bombardiere Consolidated B-24 Liberator che lunedì 11 gennaio 1943 bombardò la città partenopea.

L'aereo, matricola 41-23801, che apparteneva al 515th Bomber Squadron del 376th Bombing Group dell'USAAF, decollò quella mattina insieme ad altri velivoli della stessa squadriglia dall'aeroporto di Abu Sueir in Egitto.

- Tali quadrimotori dipinti di color sabbia rosata erano soprannominati "Pink Elephants".

Al comando vi era il ventiseienne tenente Louis A. Prchal: al suo fianco, come co-pilota, si trovava il tenente Eugene L. Ziesel, di 24 anni.

Eugene, era stato una promessa del football e del baseball militando nelle squadre della Creighton University nel Nebraska: l'11 giugno 1942 aveva fatto parte dell'Halverson Project n. 63, la prima operazione di bombardamento in Europa da parte dell'aviazione degli Stati Uniti.

La missione che aveva come obiettivo le raffinerie di Ploiesti in Romania si concluse in un disastro per gli americani in quanto tutti gli aerei non poterono far rientro alla base per la cattiva organizzazione della missione e la mancanza di carburante.

Eugene atterrò con il suo B-24 in Turchia, nazione che a quel tempo era neutrale, e venne internato: fece credere alle autorità turche che il suo aereo aveva bisogno di essere utilizzato periodicamente, altrimenti i motori si sarebbero irrimediabilmente danneggiati.

Ogni volta che decollava Eugene riusciva a mettere da parte un po' del carburante che gli era stato assegnato: in questo modo, raccolse il quantitativo necessario, dopo l'ennesimo decollo, per non rientrare all'aeroporto turco ma dirigersi verso gli aeroporti alleati in Medio Oriente.

Quando decollò per la sua ultima missione era rientrato da appena una settimana in servizio attivo.

Gli altri 6 uomini dell'equipaggio erano:

- Sottotenente Earl G. Matheny, puntatore.
- Sottotenente Theodore P. Schoonmaker, navigatore.
- Sergente Jess W. Cotham, tecnico e mitragliere della torretta dorsale.

- Sergente Jack B. Lavender, operatore radio.
- Sergente Elwood E. Carr, mitragliere di coda.
- Sergente Roy O. Woody, mitragliere.

Quest'ultimo era il più giovane del gruppo essendo nato il 6 giugno del 1925.

Roy interruppe le scuole superiori il 15 dicembre 1941, una settimana dopo l'attacco giapponese a Pearl Harbour, per arruolarsi come volontario: quando perse la vita non aveva nemmeno 18 anni.

Quell'11 gennaio del 1943 l'allarme aereo venne dato per tempo e l'aviazione italiana fece decollare i caccia per intercettare la formazione statunitense disposta su due squadriglie, al comando del capitano John H. Payne e l'altra guidata dal maggiore Dick Sanders.

Fra quanti si alzarono in volo vi erano il tenente Orfeo Mazzitelli di Salerno e il tenente Riccardo Monaco di Napoli.

- I piloti italiani disponevano da poco tempo degli ottimi Macchi M.C. 202 Folgore i quali, seppur non potentemente armati, erano molto agili e veloci nelle manovre.

Inoltre, giocò a loro favore, un problema che affliggeva gli americani in quel periodo: l'inceppamento delle mitragliatrici provocato dal gelo dell'alta quota e dall'utilizzo di un olio lubrificante non adatto: infatti, nei resoconti statunitensi relativi alla missione di quel giorno il disguido viene segnalato da tutti gli equipaggi rientrati alla base.

Il tenente Monaco, si diresse verso la formazione che, dopo aver sganciato gli ordigni, aveva virato a destra, per ritornare alla base nordafricana passando fra i monti dell'Irpinia.

Insieme al tenente Mazzitelli fece fuoco sui bombardieri.

I suoi colpi sortirono l'effetto sperato colpendo il motore di un B-24 che cominciò a rallentare e a perdere quota: si trattava dell'ultimo aereo della formazione, quello del tenente Prchal.

- Ciò che accadde è riportato nella testimonianza resa dopo la liberazione dalla prigionia dall'unico supersite di questo velivolo, il navigatore sottotenente Theodore P. Schoonmaker.

Essa è contenuta nell' IDPF (Individual Deceased Persons File), il rapporto redatto dalle autorità statunitensi per informare i congiunti di Louis A. Prchal sulla sorte del loro caro.

Questa documentazione è stata messa gentilmente a disposizione da Randy Watkins, appassionato studioso della storia dell'aviazione americana: i rapporti della squadriglia, come pure alcune foto, sono state, invece, procurate da Mark Bischof e dagli amici di Archeologi dell'Aria.

Altre preziose informazioni sono state fornite dai figli di Schoonmaker, Donald e Peter.

Il sottufficiale riferiva che il primo assalto da parte della caccia italiana fu indirizzato contro il mitragliere di coda: a seguito di questo attacco egli si accorse che il sergente Carr non rispondeva più al fuoco nemico.

Il successivo assalto fu condotto sulla parte centrale del bombardiere quando furono colpiti i motori e il mitragliere della torretta dorsale: l'aereo si ritrovò privo sia di velocità che della maggior parte del suo armamento difensivo.

Schoonmaker racconta che il terzo attacco fu quello più devastante e lungo: per circa 15 secondi l'aereo fu mitragliato sul fianco destro, dalla parte centrale fino alla cabina di pilotaggio.

I colpi provocarono un incendio a bordo, distrussero l'impianto per l'erogazione dell'ossigeno e l'impianto radio interno.

Secondo la testimonianza del navigatore, solo Earl G. Matheny sembrava essere rimasto incolume al devastante attacco, ma le fiamme non gli permisero di abbandonare la parte anteriore dell'aereo in cui si trovava e dove venne in seguito ritrovato cadavere dalle autorità militari italiane.

- Theodore decise così di abbandonare l'aereo lanciandosi con il paracadute.

Sporgendosi dallo sportello per il lancio il suo piede destro rimase incastrato nella struttura e per alcuni interminabili secondi egli rimase sospeso nel vuoto: riuscì, però a sfilare il piede dalla scarpa e ad aprire il paracadute.

Non vide altri seguirlo e dopo pochi istanti l'aereo precipitò ed esplose in una zona boscosa alle spalle di Acerno, mentre Theodore atterrò su una montagna innevata.

Con l'aiuto della copertura della scarpa sinistra e di un calzino sostituì alla meno peggio la calzatura mancante e a raggiunse l'abitazione di un pastore al quale, visto che era stato ferito alla mandibola, chiese di essere condotto al più vicino paese. Quando l'uomo lo portò ad Acerno egli in segno di gratitudine gli donò il suo orologio da polso.

- Venne, quindi, preso in consegna dalle autorità italiane e fu ricoverato in ospedale.

Un colpo gli aveva trapassato le guance provocandogli la perdita di alcuni denti.

Durante la sua degenza ricevette la visita del tenente Monaco: l'incontro fu cordiale e il tono della conversazione amichevole. Prima che l'ufficiale della Regia Aeronautica andasse via, Theodore gli fece dono del suo coltello. In seguito agli eventi successivi all'8 settembre venne deportato in Germania nello Stalag Luft III.

I figli conservano ancora la sua piastrina di riconoscimento del campo di concentramento su cui è stampigliato il numero "2707" e "Oflag Luft 3".

Questo stalag, situato nei pressi della città di Sagan, a circa 160 km a sud-est di Berlino, venne creato per ospitare ufficiali delle forze aeree alleate: diversi tentativi di fuga furono messi in atto da questo campo, il più famoso dei quali è stato reso noto mediante il film "La grande fuga".

- In tale occasione 76 prigionieri riuscirono ad evadere mediante la costruzione di un tunnel soprannominato "Harry".
- 73 vennero ripresi e 50 di loro furono fucilati dalla Gestapo per ordine di Hitler, mentre solo 3 riuscirono a guadagnare la libertà.

Durante la prigionia ebbe modo di conoscere David Westheimer, un aviatore il cui B-24 era stato ugualmente abbattuto in Italia. Rimasero amici per tutta la vita.

David, nel dopoguerra, diventò famoso per il libro "Von Ryan's Express", dal quale venne in seguito tratto un film di successo che aveva come interprete Frank Sinatra: nelle sue memorie di guerra ha fatto spesso riferimento a Theodore.

Ritornato alla vita civile, Schoonmaker sposò, nel 1956, Gloria Eleanor Brown: dalla loro unione nacquero due figli, Theodore Peter Jr. e Donald N.

Lavorò per la Union Carbide e poi per l'American Welding Society (AWS) dove divenne direttore del periodico "The Welding Journal". Theodore è venuto a mancare nel 1994.

Le salme dei 6 aviatori recuperate fra i rottami dell'aereo, un corpo non è stato mai ritrovato, furono sepolte nel cimitero di Acerno.

Dopo lo sbarco a Salerno esse furono traslate nel cimitero degli U.S.A. di Monte Soprano a Paestum.

Nel settembre del 1947 una commissione di inchiesta si recò sul luogo del disastro e ritrovò la piastrina di Cotham e alcuni effetti personali di Matheny: venne anche rinvenuta la piastrina intestata a Francis H. Smith.

Come si apprende dall'IPDF, Smith era il pilota compagno di stanza del tenente Prchal.

Quando nelle prime ore dell'11 gennaio essi partirono per la missione scambiarono per errore le piastrine che avevano lasciato sul tavolo della loro camera prima di mettersi a letto.

In seguito, fu possibile identificare il cadavere di Matheny ma non quello degli altri aviatori.

Le sue spoglie riposano al Sam Houston National Cemetery mentre quelle dei suoi commilitoni si trovano in una fossa comune al Little Rock National Cemetery.

Dal bollettino n. 962 emesso il 12 gennaio 1943 dal Quartier Generale delle Forze Armate italiane veniamo a sapere che:

"Un'incursione è stata compiuta nel pomeriggio di ieri su Napoli e dintorni; danni non rilevanti: nel crollo di alcuni edifici civili, la popolazione ha subito perdite finora accertate in 23 morti e 65 feriti. Tali apparecchi risultano caduti: due nella provincia di Salerno (presso le località di Acerno e Calvanico san Cipriano) uno a Lioni (Avellino) e il quarto in mare tra Ischia e Procida. Alcuni dei componenti degli equipaggi sono deceduti, altri sono stati catturati".

Se i danni furono ridotti rispetto a incursioni ben più sanguinose, lo si deve all'intervento degli aviatori italiani la cui audacia fu evidentemente enfatizzata dal fatto di sapere che stavano difendendo le loro case e i loro familiari.

Come si apprende dal bollettino, quel giorno vennero abbattuti altri 2 aerei che probabilmente facevano parte del 98th Bombing Group.

Ulteriori ricerche sono in corso per poterli identificare.

B-32 Dominator

Il Consolidated B-32 Dominator fu un bombardiere strategico, quadrimotore ad elica e ala alta, sviluppato dall'azienda aeronautica statunitense Consolidated Aircraft Corporation nei primi anni quaranta.

Prodotto a partire dal 1942 e destinato a sostituire il precedente B-24 Liberator, il B-32 fu, inoltre, concepito per essere "la ruota di scorta" dell'USAF, nel caso di fallimento dell'avanzato, e, perciò, rischioso programma che doveva portare alla produzione del B-29 Superfortress.

Rispetto a quest'ultimo, il B-32 ebbe un'estremizzazione tecnologica meno spinta, con una progettazione più conservativa che lo rese simile al precedente B-24, pur essendo molto ingrandito e potenziato, e dotato di un'unica deriva, come nel caso del Consolidated PB4Y-2 Privateer.

- Costruito in soli 115 esemplari, non ebbe molto successo nelle poche operazioni belliche della Seconda guerra mondiale cui prese parte, dimostrandosi un duro avversario per i caccia giapponesi, ma anche prone a incidenti mortali.

Nonostante le pecche, il B-32 era pur sempre, nel campo degli aerei della seconda guerra mondiale, un modello secondo in potenza solo al B-29 e con caratteristiche a esso assai simili.

Il progetto del B-29 Superfortress iniziò a metà del 1938.

Nel giugno del 1940 l'USAAF chiese alla Consolidated un progetto alternativo come riserva in caso di problemi nello sviluppo del B-29: la Consolidated propose il Model 33 derivato dal B-24, un progetto simile, anche se di dimensioni maggiori, e come il B-24 era caratterizzato dall'ala Davis ad alto allungamento, da un impennaggio dotato di due derive a disco e dai portelli della stiva bombe scorrevoli, ma la fusoliera era più grande, a sezione circolare, e il muso era arrotondato.

- Per la propulsione erano previsti motori Wright R-3350 Super Cyclone da 2.200 hp con eliche Curtiss Electric tripala, gli stessi del B-29, cabina pressurizzata e un armamento difensivo basato su quattordici mitragliatrici Browning M2 calibro 12,7 mm in torrette controllate a distanza, il tutto per il peso totale previsto di 45.814 kg.

L'USAAF firmò un contratto per tre prototipi XB-32 il 6 settembre 1940, lo stesso giorno dell'ordine per il prototipo XB-29 della Boeing.

Il primo XB-32 (41-141) venne costruito nello stabilimento della Consolidated di Forth Worth in Texas e volò per la prima volta il 7 settembre 1942: questo primo prototipo era privo di sistema di pressurizzazione, torrette difensive e portelli del carrello perché davano ancora alcuni problemi.

Il prototipo aveva motori R-3350-13 alle gondole interne e R-3350-21 alle gondole esterne.

- Le eliche dei motori interni avevano la possibilità di inversione del passo per ridurre la corsa d'atterraggio.

Durante la fase di prove in volo, i motori diedero problemi a causa di perdite d'olio e del raffreddamento inadeguato.

L'XB-32 "41-141" era equipaggiato con otto mitragliatrici da 12,7 mm in due torrette dorsali e due ventrali più due mitragliatrici da 12,7 mm e un cannone da 20 mm in ogni gondola motore esterna sparanti all'indietro controllate a distanza e una mitragliatrice da 12,7 mm in ogni ala all'esterno delle eliche.

Il 17 marzo 1943 l'USAAF sottoscrisse un contratto di fornitura per trecento B-32 nonostante continuassero i problemi al prototipo.

Il 10 maggio 1943 il primo XB-32 si schiantò in decollo dopo avere compiuto trenta voli di collaudo a causa di un guasto agli ipersostentatori.

Il 2 luglio 1943 volò per la prima volta il secondo XB-32 (41-142).

Dopo alcuni collaudi l'USAAF richiese una revisione del progetto iniziale che avrebbe dovuto adottare numerose modifiche, tra le quali una suddivisione dell'armamento difensivo più tradizionale a causa di problemi con le torrette comandate a distanza.

Di conseguenza venne ridotto a dieci mitragliatrici M2 da 12,7 mm così suddivise:

- Due in una torretta frontale Sperry A-17
- Due in una torretta dorsale Martin A-18 dietro alla cabina

- Due in una torretta dorsale Martin A-18 davanti alla deriva
- Due in una torretta ventrale Sperry retrattile
- Due in una torretta caudale Sperry A-17.

I problemi relativi al sistema di pressurizzazione non vennero mai risolti, per cui si decise di eliminarlo per gli aerei di serie e non utilizzarli ad alta quota.

Il carico bellico venne aumentato da 1.814 kg a 9.072 kg, inoltre, vennero introdotti un nuovo sistema di puntamento e sgancio delle bombe e nuove eliche quadripala.

Il secondo XB-32 continuò ad avere problemi di stabilità, e, per risolverli, dopo il venticinquesimo volo venne montata una coda a deriva singola simile a quella del B-29, ma senza risultati.

Il terzo XB-32 (41-18336) volò per la prima volta il 3 novembre 1943 con una coda di nuova progettazione con deriva alta 5,9 metri.

- La Consolidated scelse inizialmente il nome Terminator, ma nell'agosto 1944 il Technical Subcommittee on naming aircraft propose di cambiarlo in Dominator, scelta accettata dalla Consolidated.

In seguito, nell'estate del 1945 l'Assistant Secretary of State Archibald Mac Leish criticò il nome definendolo inadatto a un aereo americano per cui si tornò al nome Terminator subito prima della cancellazione del programma.

Inizialmente l'USAAF considerava il B-32 come un progetto di riserva nel caso di ritardi o fallimento del B-29, tuttavia, il successo del B-29 e i ritardi del programma resero il B-32 non più necessario.

I piani dell'USAAF per riequipaggiare con i B-32 i gruppi di volo dell'Eighth e Fifteenth Air Force prima del loro trasferimento nel Pacifico vennero resi impossibili dalla consegna di soli cinque B-32 entro la fine del 1944, mentre il B-

29 era già in piena produzione e impiego da parte della Twelfth Air Force.

- La consegna dei primi B-32 iniziò quando il generale George Kenney, comandante della Fifth Air Force e delle forze aeree alleate nel Pacifico sud-occidentale andò a Washington per chiedere dei B-29.

Poiché per i B-29 la priorità era il bombardamento strategico, la richiesta venne respinta, per cui Kenney chiese i B-32.

Kenney venne autorizzato a provare i nuovi aerei in missioni reali, per questo venne definita una serie di missioni di prova e un piano per riequipaggiare con i B-32 due dei quattro squadron del 312th Bomb Group, all'epoca tutti su Douglas A-20 Havoc.

Il 12 maggio 1945 tre B-32 partirono da Forth Worth e arrivarono alla base di Clark Field sull'isola di Luzon nelle Filippine, dove arrivarono due il 24 e il terzo il 25, e vennero assegnati al 386th Bomb Squadron del 312th Bomb Group per una serie di undici missioni di prova completate il 17 giugno.

- Gli equipaggi rimasero positivamente impressionati dalle prestazioni di atterraggio corto possibili grazie all'ala

Davis e agli inversori di passo delle eliche sui motori interni.

Trovarono anche diversi difetti: la cabina era molto rumorosa, la disposizione della strumentazione inadatta, la visuale del bombardiere limitata: inoltre, l'aereo era molto pesante e gli incendi ai motori erano frequenti.

Il 29 maggio 1945 i B-32 compirono la prima missione di bombardamento contro un deposito di rifornimenti ad Antatet sull'isola di Luzon nelle Filippine.

Il 15 giugno due B-32 sganciarono sedici bombe da 907 kg su una raffineria di zucchero a Taito sull'isola di Taiwan.

Il 22 giugno un B-32 attaccò con bombe da 227 kg una distilleria d'alcol a Heito sull'isola di Taiwan, lo stesso giorno un altro B-32 mancò con bombe a frammentazione da 118 kg delle postazioni d'artiglieria contraerea.

- Il 25 giugno venne eseguita l'ultima missione d'attacco a dei ponti presso Kiirun sull'isola di Taiwan.

Le missioni di prova furono giudicate complessivamente positive, quindi, nel luglio successivo, il 386th Bomb Squadron completò la transizione sul B-32 e compì altre sei missioni prima della fine della guerra.

Il 13 agosto il 386th Bomb Squadron venne trasferito alla Yontan Air Base, nei pressi di Yomitan sull'isola di Okinawa, per eseguire missioni di ricognizione fotografica per verificare il rispetto delle condizioni di resa da parte dei giapponesi: nei giorni successivi arrivarono altri sei B-32.

- Durante una di queste missioni, dei B-32 vennero attaccati il 17 agosto dalla contraerea e caccia giapponesi, rivendicando un abbattimento certo e due probabili.

Il 18 agosto una formazione di quattro Mitsubishi A6M "Zero" e tre Kawanishi N1K2-J Shiden-Kai attaccarono quattro B-32 impegnati in missioni di ricognizione fotografica sul Giappone: questo fu l'ultimo combattimento aereo della guerra.

- Il B-32 42-108532 "Hobo Queen II" venne gravemente danneggiato, uno degli operatori fotografici venne ferito e un altro ucciso, l'ultima vittima in combattimento della seconda guerra mondiale tra gli alleati.

Il suo equipaggio rivendicò l'abbattimento di due Zero e il probabile abbattimento di uno Shiden-Kai.

L'ultima missione di ricognizione fotografica venne eseguita il 28 agosto: lo stesso giorno due B-32 andarono distrutti in due diversi incidenti che causarono la morte di quindici dei ventisei uomini d'equipaggio.

Il 386th Bomb Squadron terminò le operazioni il 30 agosto.

La produzione del B-32, di cui erano già stati ordinati altri 1.598 esemplari, venne cancellata l'8 settembre 1945 e terminò il 12 ottobre.

Tutti i B-32 vennero accantonati all'Aerospace Maintenance And Regeneration Center (AMARC) sulla Davis-Monthan Air Force Base in Arizona e successivamente demoliti, l'ultimo, il 42-108474 inizialmente destinato al National Museum of the United States Air Force nei pressi della Wright-Patterson Air Force Base (base aerea Wright-Patterson) in Ohio, venne dichiarato surplus e demolito a Davis-Monthan nell'agosto 1949.

Come gli altri aerei prodotti in quel periodo, i B-32 vennero consegnati non verniciati a parte il pannello antiriflesso sopra al muso di fronte alla cabina e le capottature dei motori ai lati interni che erano verde oliva scuro FS34087 per evitare che i riflessi del sole sulle superfici metalliche potessero abbagliare l'equipaggio; arrivati al reparto venivano eventualmente mimetizzati a discrezione del comandante.

Poco dopo la vittoria sul Giappone, i B-32 sopravvissuti tornarono negli Stati Uniti, e l'ulteriore produzione venne annullata tra settembre e ottobre 1945.

Quando gli ordini furono annullati, lo stabilimento di Fort Worth aveva prodotto 74 B-32 e 40 TB-32, mentre quello di San Diego aveva costruito un solo aereo.

Sebbene costruito per trasportare 9.100 kg (20.000 libbre) di bombe in ampi alloggiamenti per bombe gemelle, la maggior parte delle missioni B-32 della fine della guerra prevedeva lo scatto di foto di ricognizione ad alta quota sull'Impero del Giappone.

- Gli ultimi sei Dominator completamente equipaggiati (numeri di serie 42-108579:42-108584) furono trasportati direttamente dalla linea di produzione ai magazzini delle basi aeree di Davis-Monthan e Kingman in Arizona.

Dodici velivoli provenienti dalla linea di produzione incompleta, che si trovavano in condizioni quasi perfette negli stabilimenti di Fort Worth e San Diego, furono completati e trasportati in aereo in un deposito.

I Dominator in servizio e idonei al volo vennero trasportati nei centri di riciclaggio più vicini, mentre quelli non idonei al volo vennero smantellati in loco.

- Nel 1947, la maggior parte dei B-32 inviati ai centri di riciclaggio erano stati demoliti per ricavarne rottami metallici.

Nessun B-32 venne mai venduto alle forze aeree straniere e la reputazione di affidabilità meccanica estremamente scarsa dell'aereo lo rese poco attraente sul mercato commerciale del dopoguerra.

- Solo una volta un cliente commerciale espresse interesse per il B-32.

Nel giugno del 1947, il produttore di penne stilografiche Milton J. Reynolds annunciò il progetto di acquistare un B-32 per un volo intorno al mondo passando per entrambi i poli, ma questo piano non fu mai realizzato.
A oggi non è rimasto nemmeno un B-32.
In precedenza destinato all'esposizione presso l'United States Air Force Museum, il B-32-1-CF 42-108474 fu, inspiegabilmente, dichiarato in eccedenza e demolito a Davis-Monthan nell'agosto del 1949.

- Del B-32 sono sopravvissuti fino a oggi solo alcuni frammenti.

La torretta anteriore del B-32 è conservata presso il Paul Garber Restoration Facility dello Smithsonian Institution a Suitland, nel Maryland: un'altra torretta anteriore del B-32 è esposta al Minnesota State Museum, mentre un pannello alare del B-32, destinato ai test statici, si erge come monumento al pioniere dell'aviazione John J. Montgomery su una collina fuori San Diego.

Versioni

- **XB-32**

Tre prototipi impiegati per i voli di collaudo durante lo sviluppo del progetto.

- **B-32A**

Versione di serie da bombardamento.
Il primo B-32 di serie (42-108471) venne consegnato all'USAAF il 19 settembre 1944 con una deriva simile a quella del B-29, ma lo stesso giorno ebbe un incidente in atterraggio per cedimento del carrello anteriore.
Vennero prodotti 74 aerei di questa versione.

- **TB-32A**

Versione da addestramento disarmata e con avionica semplificata. Aveva circa 320 kg di zavorra distribuiti per mantenere il baricentro.
Il primo TB-32A venne consegnato il 27 gennaio 1945. Vennero prodotti 40 aerei di questa versione dopo i primi quattordici B-32A.

Caratteristiche tecniche

* Tipo: bombardiere strategico
* Equipaggio: 10 uomini
* Costruttore: Stati Uniti Consolidated Aircraft

* Data primo volo: 7 settembre 1942
* Data entrata in servizio: 27 gennaio 1945
* Data ritiro dal servizio: 30 agosto 1945

* Utilizzatore principale: Stati Uniti USAAF
* Esemplari: 118

* Lunghezza: 25,03 metri (82 ft 1 in)
* Apertura alare: 41,16 metri (135 ft 0 in)
* Altezza: 9,81 metri (32 ft 2 in)
* Superficie alare: 132,2 m² (1.422 ft²)
* Carico alare: 341 kg/m²
* Peso a vuoto: 27.400 kg (60.278 lb)
* Peso carico: 45.722 kg (100.800 lb)
* Peso max al decollo: 56.023 kg (123.250 lb)

* Motore: 4 radiali Wright R-3350-23A Duplex-Cyclone a 18 cilindri ciascuno da 2.200 hp (1.641 kW)

* Velocità max: 575 km/h (357 mph) a 9.150 metri (30.000 ft)
* Velocità di crociera: 467 km/h (290 mph)
* Velocità di salita: 5,3 m/s (1.050 ft/min)
* Autonomia: 6.118 km (3.800 miglia)
* Tangenza: 9.360 metri (30.700 ft)
* Armamento:

- ✓ Mitragliatrici: 10 Browning M2 calibro 12,7 mm
- ✓ Bombe: 9.100 kg (20.000 libbre)

B-36 Peacemaker

Il B-36, tra il 1947 e il 1958, è stato il bombardiere intercontinentale per eccellenza in forza allo Strategic Air Command statunitense.

Pur non avendo mai ricevuto un nome ufficiale, venne soprannominato Peacemaker (Pacificatore) in base alla proposta avanzata dalla stessa Convair, a seguito di un concorso lanciato tra i dipendenti dell'azienda per trovare un nome al velivolo.

Il B-36 era il più grande aereo da bombardamento mai costruito, con i suoi 6 motori da 3.600 hp e l'aggiunta successiva di 4 turbogetti. Rimase in servizio fino al 1958, quando le sue prestazioni vennero superate sia dai jet da caccia, sia dalla nuova generazione di bombardieri, come il B-52.

L'inizio dei lavori sul "superbombardiere" B-36 può essere fatto risalire ai primi mesi del 1941.

Gli Stati Uniti erano ancora in uno stato di neutralità, sostenendo attivamente la Gran Bretagna con rifornimenti militari, l'ultima roccaforte della libertà in Europa, che, sopravvissuta alla tragedia di Dunkerque e avendo dimostrato una ferrea fermezza durante la "battaglia d'Inghilterra", continuava a resistere alla Germania, che in un anno e mezzo aveva inghiottito quasi tutta la cara vecchia Europa e si preparava a colpire il suo "alleato mortale", l'Unione Sovietica.

Nell'Oceano Pacifico, dal suo canto, il dinamico impero giapponese, alleato del Terzo Reich in Estremo Oriente, stava affermando sempre più le sue pretese di egemonia nella regione.

- Gli Stati Uniti capirono perfettamente che entrare in guerra era una questione di prossimo futuro per il paese.

Inoltre, nelle prospettive più fosche, la sconfitta della Gran Bretagna, la sconfitta della Russia o la sua alleanza finale con i tedeschi e l'espansione giapponese, gli Stati Uniti si sarebbero trovati nella posizione di una fortezza belligerante isolata, separata dai suoi avversari da migliaia di miglia di distese oceaniche.

In una simile possibile situazione geopolitica e militare, per la difesa del Paese e l'offensiva contro gli aggressori, il Paese aveva un bisogno vitale di una marina e di un'aviazione strategica potenti, dotate di velivoli capaci di infliggere colpi devastanti ai territori delle metropoli nemiche e dei loro alleati.

Gli Stati Uniti avevano una flotta potente, bisognava creare un'aviazione strategica e, prima di tutto, bisognava progettare e costruire un gigantesco bombardiere, in grado, dopo il decollo dalle basi negli Stati Uniti, di sganciare bombe sulla Germania o sul Giappone e di tornare indietro.

La situazione in cui avrebbero potuto trovarsi gli Stati Uniti era molto simile nei suoi aspetti principali a quella che l'Unione Sovietica affrontò durante la Guerra Fredda, che richiese la rapida creazione di un'aviazione strategica intercontinentale.

- L'11 aprile 1941 l'USAAC completò e presentò, quindi, all'industria aeronautica statunitense le specifiche per un futuro bombardiere intercontinentale.

Inizialmente, l'USAAC voleva schierare un bombardiere con un'autonomia massima di 19.300 km (12.500 miglia) a 7.600 metri (25.500 piedi) a una velocità di crociera di 445 km/h (275 mph), una velocità massima di 725 km/h (445 mph) a quell'altitudine e una quota massima di 13.720 metri (45.500 piedi) sopra il bersaglio.

- Questi requisiti erano impressionanti per l'inizio del 1941.

Il miglior bombardiere statunitense a lungo raggio di produzione, il B-17, che era entrato in servizio di recente con l'aeronautica militare, ad esempio, aveva un'autonomia di soli 3.220 km (2.000 miglia) con velocità e capacità di carico utile significativamente inferiori.

Il nuovo velivolo venne descritto come un bombardiere intercontinentale che avrebbe dovuto colpire obiettivi strategici situati in continenti diversi da quello americano, entro il raggio d'azione pratico dell'aereo, che nelle condizioni date sarebbe stato di 6.000-7.000 km.

- Con una gittata simile, le formazioni di bombardieri potevano colpire qualsiasi punto del continente europeo e, se fossero schierate nelle basi aeree avanzate in Canada, Alaska, Hawaii e Filippine, qualsiasi punto del continente asiatico.

Secondo le specifiche, il carico massimo di bombe era di 32.660 kg, con gittata ridotta.

Oltre allo scopo primario dichiarato, le specifiche richiedevano la modifica dell'aereo di base in un aereo da ricognizione fotografica strategica: qualche tempo dopo, vennero sviluppati i requisiti per trasformare l'aereo in una cisterna per il trasporto di carburante, nonché per il rifornimento durante il volo.

Un Boeing B-17 Flying Fortress, un Boeing B-29 Superfortress e il B-36 Peacemaker.

Nell'agosto del 1941, tuttavia, le idee iniziali dell'esercito statunitense per un nuovo "superbombardiere" furono trasformate in un progetto più realistico di un bombardiere da 16.000 km (10.000 miglia) di autonomia e 4.500 kg (10.000 libbre) di bombe, i cui requisiti di base furono formati valutando un ipotetico aereo bombardiere ottenuto aumentando di quattro volte tutte le dimensioni del B-17.

- Subito dopo l'emissione delle specifiche, le aziende Consolidated, Boeing, Douglas e Northrop iniziarono a lavorare al progetto del futuro "superbombardiere".

Al termine della selezione, tra varie proposte, la scelta dell'USAAC premiò il Model 37 della Consolidated, che sarebbe successivamente confluita nella Convair, e il 15 novembre 1941 l'USAAC firmò l'ordine per due prototipi designati XB-36: il primo aereo sarebbe dovuto essere pronto nel maggio 1944, il secondo nell'ottobre dello stesso anno.

Si trattava del progetto di un aereo mastodontico, che presentava l'insolita configurazione con sei motori disposti in posizione spingente, impennaggio a deriva doppia, ripresa da quella del B-24, e cabina di pilotaggio non sporgente dal diametro della fusoliera, come già per il B-29.

Prima ancora di vedere la luce il progetto fu sottoposto a diverse modifiche, tra le quali la principale riguardò i piani di coda che acquisirono la configurazione definitiva con la singola deriva al termine della fusoliera.

Il primo prototipo completato lasciò la fabbrica l'8 settembre 1945, ma occorsero 11 mesi prima che potesse compiere il primo volo, l'8 agosto 1946: le prime prove di volo furono soddisfacenti, anche se evidenziarono la scarsa visibilità dalla cabina di pilotaggio, che nel secondo esemplare fu rialzata e dotata di un tettuccio a bolla.

Tra le altre modifiche decise dopo le prime prove, l'installazione di una postazione all'estrema prua per un mitragliere, con due mitragliatrici.

I primi esemplari di serie furono consegnati ai reparti nell'agosto del 1948, mentre era da poco cominciata la produzione della versione B-36B che era dotata di armamento difensivo completo, costituito da 16 cannoncini da 20 mm alloggiati a coppie in otto torrette: una di prua e una di coda mentre le altre erano disposte lungo la fusoliera in postazioni telecomandate e retrattili, per mezzo di portelloni scorrevoli.

Nel 1947 fu proposto un velivolo da trasporto sviluppato dal progetto del B-36: un velivolo dalle enormi dimensioni, più grande di un Boeing 747,) con la fusoliera riprogettata e dotata di doppio ponte per 410 soldati completamente equipaggiati o, in versione ospedale, per 300 feriti.

Dopo l'iniziale interesse della American Airlines, l'XC-99, come l'aereo venne denominato, non ebbe sviluppi produttivi e il prototipo fu impiegato dall'USAF come trasporto fino al 1957.

Tecnica

Per l'epoca, il velivolo B-36 rappresentò un'impresa ingegneristica unica nel campo dell'ingegneria aeronautica.
Il B-36 era un monoplano ad ala alta, interamente in metallo, a sbalzo, alimentato da sei motori a pistoni montati nelle gondole alari, eliche spingenti a tre pale e un carrello d'atterraggio triciclo retrattile con ruotino anteriore.

- Le principali caratteristiche progettuali dell'aereo B-36 furono determinate principalmente dall'esigenza di raggiungere una lunga autonomia di volo con un carico utile sufficientemente grande.

Per quanto riguarda l'uso di eliche spingenti in combinazione con un'ala relativamente spessa e "pulita", ciò è stato spiegato con il desiderio di ottenere un'elevata qualità aerodinamica dell'aereo quando volava a massime distanze con una velocità di crociera accettabile, perdendo al contempo alcune caratteristiche di decollo e atterraggio a causa della mancanza dell'effetto di soffiaggio dell'ala da parte delle eliche.
Ridurre il Cx su un aereo come il B-36 utilizzando un'ala sottile sarebbe stato irrazionale, poiché ciò avrebbe comportato una diminuzione della portanza, un aumento del peso della struttura e, di conseguenza, una diminuzione del carico utile e una diminuzione dell'autonomia, il che sarebbe in conflitto con lo scopo principale dell'aereo.

- A sua volta, l'uso di profili laminari è diventato uno dei motivi per cui è stato scelto lo schema con eliche spingenti, in quanto il più efficace.

Tutto l'equipaggiamento e le armi dell'aereo erano posizionati all'interno della struttura e i supporti mobili per le mitragliatrici erano retrattili: sulla fusoliera dell'aereo sporgevano solo la calotta anteriore della cabina di pilotaggio, le cavità delle stazioni di puntamento e la carenatura del radar.

Gli interventi di miglioramento dell'aerodinamica generale e specifica hanno garantito il raggiungimento di un elevato valore massimo di qualità aerodinamica: l'ampia superficie alare, con un carico specifico al decollo di circa 330 kg/m^2, consentiva il volo a lungo raggio a velocità relativamente basse e altitudini elevate e, di conseguenza, con un basso consumo di potenza.

I gruppi propulsori e il carburante furono posizionati lungo l'apertura alare, il che alleggerì notevolmente gli elementi strutturali dell'ala, ne ridusse il peso e liberarono spazio nella fusoliera per accogliere il carico previsto.

La riduzione del peso della struttura fu ottenuta anche utilizzando nuovi materiali strutturali più durevoli, incollando metalli e implementando una serie di altre misure, tra cui la sostituzione dell'aria nei pneumatici del carrello di atterraggio principale con elio.

- Durante il decollo, l'aereo poteva essere notevolmente sovraccaricato, anche se la sua manovrabilità diveniva estremamente limitata, almeno fino a quando non si fosse consumata una quantità sufficiente di carburante.

Le caratteristiche progettuali del B-36 includevano anche l'ampio utilizzo di leghe di alluminio e magnesio ad alta resistenza: la massa delle parti in lega di magnesio nella struttura della cellula ammontava al 10% della massa totale della cellula stessa, permettendo di ridurre il peso a vuoto dell'aereo di quasi una tonnellata.

In lega di magnesio AN-M-29 sono stati realizzati: circa metà del rivestimento della fusoliera, il rivestimento dei bordi d'attacco dell'ala e dell'impennaggio, compresi il rivestimento esterno e interno dei canali antighiaccio, il rivestimento della parte posteriore della sezione centrale, vari rinforzi e condotti dell'aria, il rivestimento del vano bombe, i pannelli degli strumenti, i serbatoi del sistema idraulico, le cappottature del motore, gli ogive dell'elica, le torrette e un gran numero di parti secondarie.

Dal canto suo, l'introduzione della nuova lega di alluminio ad alta resistenza 75ST aveva consentito un risparmio di peso di oltre 6.000 kg: la modifica del telaio ha permesso di ridurre il peso di 1.180 kg, il passaggio alla corrente alternata di circa 1.000 kg, l'impiego di serbatoi a compartimenti di oltre 3.000 kg. Il design delle ali utilizzava profili laminari NACA con uno spessore relativo del 22% alla radice e del 17% alle console: l'uso di un profilo spesso all'estremità è spiegato dalla necessità di aumentare la rigidità cilindrica dell'ala e la rigidità torsionale nella zona degli alettoni.

L'ala era dotata di flap a fessura NACA che si muovevano all'indietro e occupavano il 42% dell'apertura alare: i flap erano omposti da tre sezioni, ciascuna delle quali era posizionata tra le gondole motore, che in questo caso fungevano da rondelle terminali per ciascuna sezione.

Le gondole stesse avevano una forma aerodinamica, erano notevolmente allungate e caratterizzate dalla totale assenza di parti sporgenti: inoltre, la grande estensione delle gondole rese possibile il posizionamento di unità quali radiatori dell'olio e dell'aria, turbocompressori, ecc., lungo la loro lunghezza, senza aumentare la sezione centrale.

- Le prese d'aria del motore erano posizionate nella sezione anteriore dell'ala.

L'ala era realizzata in lega leggera ed era di tipo scatolare, con due longheroni; il cassone assorbiva, così, circa il 90% dei carichi agenti sull'ala: il primo longherone era situato al 12% e il secondo al 43% della corda, l'altezza del primo longherone alla radice era di circa 1,5 metri, il secondo di 2,2 metri.

- Il cassone alare era utilizzato come vano carburante, con 12 serbatoi posizionati lungo la sua campata: tra la fusoliera e l'ala erano presenti delle paratie per impedire che il carburante entrasse nella fusoliera in caso di perdite dal serbatoio.

Nella parte posteriore dell'ala, dietro il secondo longherone, c'era un passaggio che comunicava con la fusoliera ed era destinato all'ispezione dei motori in volo, mentre nel bordo d'attacco dell'ala, un canale di sbrinamento correva lungo tutta la sua lunghezza.

La fusoliera aveva una sezione circolare con un diametro di 3,8 metri e un volume di 565 m^3, e ospitava le cabine dell'equipaggio, i vani bombe e le armi.

Strutturalmente, la fusoliera era composta da quattro compartimenti:

- Un compartimento anteriore sigillato, che ospitava la cabina di pilotaggio, con un volume di 111 m^3.

- Due compartimenti centrali per i vani bombe, con un volume di 343 m^3: i vani bombe erano così grandi da poter ospitare caccia appositamente progettati per la difesa. I portelli del vano bombe erano realizzati in lega di magnesio e, una volta aperti, scorrevano lungo la superficie esterna della fusoliera.

- Un compartimento di coda, con una seconda cabina pressurizzata per l'equipaggio, con un volume di 111 m^3.

Le cabine dell'equipaggio erano collegate tra loro da un tunnel in lega di magnesio con un diametro di 0,61 metri e una lunghezza di 25,9 metri: il tunnel era dotato di un carrello per la comunicazione tra le cabine.

L'impennaggio dell'aereo era a sbalzo, interamente in metallo, con una sola pinna: il progetto della chiglia e dello stabilizzatore era simile, nei suoi elementi principali, al progetto dell'ala, con i bordi d'attacco che erano dotati di canali di sbrinamento termico.

I timoni erano costruiti con un solo longherone, rivestiti in tela, dotati di compensazione assiale e di trimmers.

Il carrello d'atterraggio principale si ritraeva verso la fusoliera, in un vano situato dietro il longherone principale, mentre il carrello d'atterraggio anteriore aveva ruote gemellari e si ritraeva in avanti nella fusoliera.

- Il portello di retrazione del carrello anteriore fungeva anche da ingresso nell'aereo e la scaletta d'ingresso si ritraeva nella fusoliera.

L'aereo era equipaggiato con motori R-4360, ovvero motori radiali da 28 cilindri, a quattro file, raffreddati ad aria, con una disposizione a spirale dei cilindri.

- I primi motori di questo tipo, impiegati sul B-36, sviluppavano una potenza al decollo di 3.000 hp, successivamente aumentata a 3.800 hp.

Il raggiungimento di tale potenza fu reso possibile grazie all'impiego di un nuovo tipo di deflettori, nei quali l'aria fredda veniva fornita a tutti i cilindri in fila, fasce elastiche di nuova concezione, l'impiego di nuovi tipi di carburante e l'impiego dell'iniezione d'acqua.

Il motore era dotato di due turbocompressori VN-1, che garantivano il mantenimento della potenza nominale di 2.650 hp e una potenza di combattimento di 3.000 hp fino a un'altitudine di 10.650 metri.

I motori facevano ruotare eliche a tre pale reversibili con un diametro di 5,79 metri e una larghezza massima delle pale di 0,53 metri tramite un riduttore: quando le eliche venivano invertite, e i motori funzionavano al 75% della loro potenza nominale, l'autonomia dell'aereo si riduceva del 30%.

Le pale dell'elica erano realizzate in metallo e al loro interno correva un canale antighiaccio termico.

Le opzioni di carico delle bombe variavano a seconda dell'autonomia di volo, per cui venivano installati diversi tipi di supporti nei vani bombe: in totale l'aereo aveva quattro vani bombe separati.

Il B-36 poteva essere armato con:

- Due bombe da 19.050 kg.
- oppure 11 bombe da 1.815 kg.
- oppure 28 bombe da 909 kg.
- oppure 72 bombe da 453 kg.
- oppure 720 bombe da 45,4 kg.

Oltre ai tipi convenzionali di bombe, l'aereo avrebbe dovuto trasportare vari tipi di bombe nucleari e termonucleari e nella progettazione del sistema d'arma e dell'intero velivolo furono prese in considerazione misure progettuali appropriate.

Al posto delle bombe, nei compartimenti potevano essere sospesi carichi o quattro serbatoi di carburante con una capacità di 11.360 litri ciascuno: i serbatoi nella fusoliera potevano essere collegati al sistema di alimentazione dell'aereo e potevano essere scaricati una volta esaurito il carburante.

Questi stessi serbatoi avrebbero dovuto contenere carburante quando l'aereo veniva utilizzato come cisterna.

Caratteristiche tecniche

Dimensioni e pesi

- Lunghezza: 49,40 metri (162 ft 1 in)
- Apertura alare: 70,10 metri (230 ft 0 in)
- Altezza: 14,22 metri (46 ft 7 in)
- Superficie alare   : 443,32 m² (4.772 ft²)
- Peso a vuoto: 77.581 kg (171.034 lb)
- Peso carico: 119.318 kg (262.500 lb)
- Peso max al decollo: 185.976 kg (410.000 lb)

Propulsione

- Motore: 6 radiali Pratt & Whitney R-4360-53 Wasp Major con compressore meccanico a sei velocità da 3.800 hp ciascuno.
  Il motore era composto da 28 cilindri disposti su quattro stelle di sette cilindri ognuna. Ogni stella era leggermente ruotata rispetto alla precedente in modo da permettere il miglior flusso per l'aria di raffreddamento. Visto di lato la disposizione dei cilindri assumeva un aspetto elicoidale.
  Le eliche venivano fatte girare a una velocità pari alla metà di quella a cui girava il motore per evitare che le estremità, in movimento, raggiungessero una velocità supersonica che ne peggiorasse le prestazioni.
- Inoltre, 4 turbogetto General Electric J47 con 24,46 kN di spinta ciascuno. Il newton (simbolo N), da Isaac Newton, è l'unità di misura della forza nel Sistema internazionale di unità di misura, ed è definito come la forza necessaria a imprimere alla massa di un kg un'accelerazione di un metro al secondo quadrato.

- Combustibile: benzina da 108 a 135 ottani.

Prestazioni

- Velocità max: 672 km/h in quota
- Velocità di crociera: 370 km/h
- Velocità di salita: 10,1 m/s
- Autonomia: 16.000 km
- Raggio di azione: 6.415 km
- Tangenza: 13.300 metri

Armamento

- Cannoni: 8 torrette, di cui 6 retraibili dentro la fusoliera, armate con due cannoni automatici Hispano-Suiza calibro 20 mm con cadenza di tiro di 700 colpi al minuto.
- Bombe a caduta libera: fino a 39.000 kg (86.000 libbre).

9 782372 975469